Koch-Bar & Ess-Bar

Spanien für Zuhause!

TAPAS

Parragon

Bath • New York • Cologne • Melbourne • Delhi
Hong Kong • Shenzhen • Singapore • Amsterdam

INHALT

EINLEITUNG

Tapas, die beliebten kleinen Gerichte aus Spanien, bieten sich förmlich für ein zwangloses Essen in lockerer Runde an. Viele typische Tapas-Rezepte sind einfach zuzubereiten, schmecken großartig und eignen sich auch ausgezeichnet, wenn einmal mehr Gäste kommen.

Ursprünglich hielten spanische Bars eine Auswahl herzhafter Snacks bereit, die man zum Drink genießen konnte. Heute bieten Restaurants auch ganze Tapas-Menüs an, die verlockende warme und kalte Köstlichkeiten auf kleinen Tellern umfassen. Beim entspannten Essen in großer Runde kann man sich wunderbar durch die Vielfalt probieren.

Dieses Buch enthält eine große Auswahl an Tapas, die Sie begeistern werden. Neben beliebten Klassikern präsentieren wir auch weniger bekannte Rezepte, darunter köstliche Dips, Pasteten, Pinchos, frittierte Bissen, Toasts und andere Brote mit interessanten Belägen, Spießchen, Salate, Suppen und gefülltes Gemüse. Für jeden Geschmack ist etwas dabei. Kombinieren Sie verschiedene der kleinen Gerichte, um ein Feuerwerk der Aromen zusammenzustellen und den Geschmack Spaniens auf den heimischen Tisch zu zaubern.

Wir beginnen mit einer verlockenden Auswahl kleiner Bissen, die garantiert den Appetit anregen. Probieren Sie Marinierte Oliven, Garnelen-Chorizo-Pinchos oder Schweinebauchhäppchen. Wer lieber Käse mag, hat die Wahl zwischen Datteln im Schinkenmantel, Käsebällchen mit feuriger Tomaten-Salsa oder Tomaten-Ziegenkäse-Pastetchen.

Weiter geht es mit gehaltvolleren Tapas mit Fleisch und Geflügel, die auch anspruchsvolle Gäste beeindrucken: Chorizo in Rotwein, Hackbällchen in Mandelsauce oder Lammspießchen mit Zitrone. Geflügelfans finden sicherlich Gefallen an Hähnchenflügeln Chilindrón, Hähnchenrouladen mit Oliven oder Knusprigen Hühnchen-Schinken-Kroketten.

Es folgt ein Kapitel mit einer Auswahl von Tapas mit Fisch und Meeresfrüchten, darunter Frittierte Sardellen, Gebratener Kalmar mit goldbraunen Kartoffeln oder Paprikastreifen mit Thunfischfüllung. Experimentierfreudige Feinschmecker mögen vielleicht Seeteufelhappen mit Mojo verde, Garnelen-Fisch-Spieße mit Chili-Limetten-Glasur oder Marinierte Sardinenfilets mit Oregano & Fenchel.

Anschließend stellen wir kreative Tapas mit Gemüse, Käse und Eiern vor. Dazu gehören Klassiker wie Patatas bravas, Gazpacho oder Pilze mit gebackenem Knoblauch & Frühlingszwiebeln, aber auch köstliche Rezepte wie Tortilla mit Artischocken & Paprika, Flamenco-Eier und Feigen mit Blauschimmelkäse.

Das letzte Kapitel enthält eine Sammlung köstlicher Brotaufstriche und Teigfüllungen. Hier finden Sie Beliebtes und Bekanntes wie Tapenade, Gemüse-Bruschetta oder Auberginen-Paprika-Dip. Auch Russischer Salat, Röstbrot mit weißen Bohnen & Garnelen, Fladenbrot mit Artischocken & Pimientos oder Kartoffel-Spinat-Taschen werden Ihnen sicherlich schmecken.

Ganz egal, ob Sie versiert im Kochen sind oder wenig Übung haben: Hier finden Sie passende Rezepte, mit der Sie Familie oder Gäste immer zu einer abwechslungsreichen und entspannten Mahlzeit um den Tisch versammeln können.

Damit die Auswahl wirklich jeden anspricht, sollten Sie Rezepte zusammenstellen, die sich in Geschmack, Konsistenz und Farbe unterscheiden – von deftig-herzhaften Tapas bis zu milderen mit zartem Aroma. Denken Sie auch daran, warme und kalte Tapas zu kombinieren.

Der Duft, der bei der Zubereitung und beim Servieren von Tapas durch die Wohnung zieht, wird Ihre Gäste begeistern und ihre Lust darauf wecken, all die feinen kleinen Bissen zu probieren. Je größer die Vielfalt, desto besser!

KLEINE HAPPEN & SNACKS

Frittierte Babyzucchini mit Pinienkernsauce

Für 6–8 Portionen | Vorbereitung: 25 Min. | Garzeit: 15 Min.

Zutaten

3 EL Mehl
1 TL Paprikapulver
1 Ei (Größe L)
2 EL Milch
450 g Babyzucchini, in 5 mm dicken, schrägen Scheiben
Sonnenblumenöl, zum Ausbacken
Meersalz, zum Bestreuen

Pinienkernsauce

100 g Pinienkerne
1 Knoblauchzehe, geschält
3 EL spanisches natives Olivenöl extra
1 EL Zitronensaft
3 EL Wasser
1 EL frisch gehackte glatte Petersilie
Salz und Pfeffer

Zubereitung

1 Für die Sauce Pinienkerne und Knoblauch im Mixer glatt pürieren. Bei laufendem Motor Olivenöl, Zitronensaft und Wasser langsam zugießen, bis eine glatte Sauce entsteht.

2 Die Sauce in eine Servierschale füllen und die Petersilie unterrühren. Mit Salz und Pfeffer abschmecken.

3 Mehl und Paprikapulver in einen Gefrierbeutel füllen, verschließen und schütteln, bis alles vermischt ist.

4 Ei und Milch in einer Schüssel verquirlen.

5 Die Zucchinischeiben in den Gefrierbeutel geben. Schütteln, bis sie mit dem Mehl überzogen sind. Überschüssiges Mehl wieder abschütteln.

6 Sonnenblumenöl etwa 1 cm hoch in einer Pfanne erhitzen. Die Zucchinischeiben nacheinander in die Eiermilch tauchen und dann ins heiße Fett geben.

7 Die Zucchinischeiben nur portionsweise in die Pfanne geben, sodass diese nicht überfüllt wird. Etwa 2 Minuten goldbraun und knusprig ausbacken.

8 Mit einem Schaumlöffel herausnehmen und auf Küchenpapier abtropfen lassen.

9 Die Zucchinischeiben auf einem Servierteller anrichten. Mit etwas Meersalz bestreuen und mit der Pinienkernsauce beträufeln. Sofort servieren.

Variation

Statt Zucchini können Sie auch andere Kürbissorten verwenden.

Gefüllte Oliven

Für 6 Portionen

Vorbereitung: 20–25 Min.

Garzeit: keine

Zutaten

- 4 EL spanisches natives Olivenöl extra
- 1 EL Sherry-Essig, oder nach Belieben
- 2 EL sehr fein gehackte frische Petersilie
- fein abgeriebene Schale von ½ Orange
- 18 große schwarze Oliven, entsteint
- 18 große grüne Oliven, entsteint
- 12 Sardellenfilets in Öl aus der Dose, abgetropft
- ½ gegrillte rote Paprika in Öl, abgetropft, in 12 kleine Stücke geschnitten
- 12 abgezogene Mandeln

Zubereitung

1. Öl, Essig, Petersilie und Orangenschale in einer Schale verrühren. Nach Belieben mit weiterem Essig abschmecken.
2. Je 12 schwarze und grüne Oliven längs einschneiden.
3. Die Sardellenfilets aufrollen und in je 6 aufgeschnittene schwarze und grüne Oliven stecken.
4. Die restlichen eingeschnittenen Oliven mit den Paprikastücken füllen.
5. Die abgezogenen Mandeln in die restlichen Oliven stecken.
6. Alle Oliven in die Schale mit dem Dressing geben und vorsichtig darin wenden.
7. Mit Cocktailspießchen servieren.

1

4

6

Marinierte Oliven

Für 8 Portionen

Vorbereitung: 20–25 Min. plus Marinier- & Stehzeit

Garzeit: 15 Min.

Zutaten

450 g große grüne Oliven mit Stein, abgetropft

4 Knoblauchzehen, geschält

1 kleine Zitrone

2 TL zerstoßene Koriandersamen

4 frische Thymianzweige

4 Fenchelgrünspitzen

2 kleine frische rote Chilis (nach Belieben)

Pfeffer

natives Olivenöl extra, zum Begießen

Zubereitung

1 Die Oliven auf ein Schneidebrett legen und mit einem Teigroller oder einem Fleischklopfer leicht bearbeiten, sodass sie ein wenig aufplatzen und die Aromen der Marinade gut aufnehmen können. Alternativ die Oliven mit einem scharfen Messer längs bis zum Stein einschneiden. Die Knoblauchzehen mit der Messerklinge zerdrücken. Die Zitrone ungeschält in kleine Stücke schneiden.

2 Oliven, Knoblauch, Zitronenstücke, Koriandersamen, Thymian, Fenchel und nach Belieben Chilis in eine große Schüssel geben und mischen. Mit Pfeffer würzen. Kein Salz zufügen, da die Oliven meist salzig genug sind. Alle Zutaten dicht nebeneinander in ein Schraubglas füllen.

3 So viel Olivenöl hineingießen, dass die Oliven bedeckt sind. Das Glas gut verschließen. Die Oliven bei Zimmertemperatur 24 Stunden stehen lassen, dann im Kühlschrank mindestens 1 Woche, besser noch 2 Wochen marinieren. Von Zeit zu Zeit das Glas schütteln, um so die Zutaten nochmals zu mischen. Vor dem Servieren die Oliven bei Zimmertemperatur etwa 1 Stunde stehen lassen, dann aus dem Öl nehmen. Cocktailspieße bereitstellen.

Spanische Wurstplatte mit Kräuterdressing

Für 8 Portionen | Vorbereitung: 20 Min. | Garzeit: keine

Zutaten

4 vollreife Feigen

125 g Chorizo

125 g Iberico-Schinken, fein aufgeschnitten

125 g Serrano-Schinken, fein aufgeschnitten

125 g Lomo embuchado, fein aufgeschnitten

125 g Salchichón, fein aufgeschnitten

125 g Cecina, fein aufgeschnitten

3 EL natives Olivenöl extra, plus etwas mehr zum Servieren

2 TL Muskateller-Weinessig

6 EL frische glatte Petersilienblätter

1 EL frische Minzeblätter

1 EL frische Schnittlauchröllchen

Salz und Pfeffer

knusprig frisches Bauernbrot, zum Servieren

Zubereitung

1 Die Feigen vierteln und in einer Ecke eines großen Servierbretts anrichten.

2 Die Chorizo häuten, in sehr feine Scheiben schneiden und auf das Servierbrett geben.

3 Dann die restliche Wurst nach Sorten dekorativ auf dem Brett anrichten.

4 Öl und Weinessig in eine Schüssel geben, salzen und pfeffern und gut verquirlen. Die Kräuter zufügen und in der Vinaigrette wenden. Auf der Wurst verteilen.

5 Mit reichlich frischem Bauernbrot und Olivenöl zum Tunken servieren.

2

3

4

Gefüllte Champignons mit Chorizo

Ergibt: 24 Stück

Vorbereitung: 25 Min. plus Kühlzeit

Garzeit: 20–25 Min.

Zutaten

24 braune Champignons (à 4 cm Ø)

150 g Chorizo

1 EL spanisches Olivenöl, plus etwas mehr zum Bestreichen

6 Frühlingszwiebeln, sehr fein gehackt

¼ TL geräuchertes Paprikapulver edelsüß

80 g feine Semmelbrösel

fein abgeriebene Schale von 1 Zitrone

2 EL sehr fein gehackte frische Petersilie

Salz und Pfeffer

Zubereitung

1 Den Backofen auf 180 °C vorheizen. Eine Brat- oder Auflaufform mit Öl einfetten. Die Champignons putzen, die Stiele aus den Pilzen drehen und sehr fein hacken.

2 Die Pilzkappen dünn mit Öl bestreichen und innen leicht mit Salz und Pfeffer bestreuen.

3 Die Chorizo häuten und sehr fein würfeln.

4 Die Chorizowürfel in einer Pfanne ohne Fett bei mittlerer bis starker Hitze 3–5 Minuten anbraten. Dabei mit einem Holzlöffel rühren. Die Chorizo in eine Schüssel geben. So viel ausgelassenes Fett wie möglich in der Pfanne lassen.

5 Das Öl zum Fett in die Pfanne geben. Frühlingszwiebeln, Paprikapulver und gehackte Pilzstiele zufügen. Salzen und pfeffern und 3–5 Minuten unter Rühren anbraten, bis die Zwiebeln weich werden.

6 Die Frühlingszwiebel-Mischung zusammen mit Semmelbröseln, Zitronenschale und Petersilie unter die Chorizo mischen. Mit Salz und Pfeffer abschmecken.

7 Die Chorizo-Mischung mithilfe eines Teelöffels in die Pilzkappen füllen. Die Pilze nebeneinander in die vorbereitete Form setzen.

8 Im vorgeheizten Ofen 15 Minuten garen. Danach die Pilze zum Abtropfen vorsichtig auf einige Lagen Küchenpapier setzen und 5 Minuten abkühlen lassen.

9 Die Pilze auf einem Servierteller anrichten und nach Belieben sehr warm, lauwarm oder kalt servieren.

Gebratene Champignons

Für 6 Portionen | Vorbereitung: 15 Min. | Garzeit: 10–15 Min.

Zutaten

500 g kleine weiße Champignons

5 EL spanisches Olivenöl

2 Knoblauchzehen, fein gehackt

Zitronensaft, zum Abschmecken

4 EL frisch gehackte Petersilie

Salz und Pfeffer

Zitronenspalten, zum Garnieren

knusprig frisches Bauernbrot, zum Servieren

Zubereitung

1. Die Champignons putzen, größere Pilze halbieren oder vierteln.
2. Das Öl in einer großen Pfanne erhitzen. Den Knoblauch darin 30–60 Sekunden leicht anbräunen.
3. Die Pilze zugeben und bei starker Hitze unter Rühren anbraten, bis sie das Öl aufgesogen haben. Die Hitze auf kleine Stufe reduzieren. Wenn die Pilze Flüssigkeit abgeben, die Hitze wieder erhöhen und 4–5 Minuten weiterbraten, bis das Wasser verdampft ist.
4. Die Pilze mit etwas Zitronensaft beträufeln, salzen und pfeffern. Die Petersilie untermischen und 1 weitere Minute garen.
5. Die Pilze in eine vorgewärmte Servierschale füllen und mit Zitronenspalten garnieren. Mit frischem Brot zum Tunken servieren.

Gefüllte Eier mit Sardellen & Käse

Für 8 Portionen

Vorbereitung: 25 Min. plus Kühlzeit

Garzeit: 15–20 Min.

Zutaten

8 Eier

50 g Sardellenfilets in Öl aus der Dose, abgetropft

60 g Manchego, gerieben

4 EL spanisches natives Olivenöl extra

1 EL frisch gepresster Zitronensaft

1 Knoblauchzehe, zerdrückt

Salz und Pfeffer

4 grüne spanische Oliven, entsteint und halbiert, zum Garnieren

4 schwarze spanische Oliven, entsteint und halbiert, zum Garnieren

mildes oder scharfes geräuchertes Paprikapulver, zum Bestäuben

Zubereitung

1 Die Eier in einem Topf mit kaltem Wasser bedecken und langsam zum Kochen bringen. Die Temperatur reduzieren und 10 Minuten leicht köcheln lassen. Die Eier sofort abgießen und kalt abschrecken. Die Schalen anklopfen, damit sie brechen. Die Eier erkalten lassen.

2 Die Eier schälen und mit einem Edelstahlmesser halbieren. Das Eigelb vorsichtig herauslösen und in einen Mixer geben.

3 Sardellenfilets, Käse, Öl, Zitronensaft und Knoblauch zum Eigelb geben und alles glatt pürieren. Mit Salz und Pfeffer abschmecken.

4 Die Masse mit einem Teelöffel wieder in die Eiweißhälften setzen oder mit einem Spritzbeutel mit 1-cm-Lochtülle hineinspritzen. Die Eier auf einer Servierplatte anrichten und abgedeckt bis zum Servieren in den Kühlschrank stellen.

5 Zum Servieren jedes Ei mit einer halbierten Olive garnieren und mit Paprika bestäuben.

Garnelen-Chorizo-Pinchos

Ergibt: 24 Stück Vorbereitung: 20–25 Min. Garzeit: 7 Min.

Zutaten

½ Zitrone, in Scheiben

1 EL grobes Meersalz

24 große rohe Garnelen, aufgetaut, falls gefroren

150 g Chorizo

24 frische Basilikumblätter

Zitronenspalten, zum Servieren

Zubereitung

1. In einem großen Topf Wasser mit Zitronenscheiben und Salz zum Kochen bringen.
2. Die Garnelen am Rücken einschneiden und den dunklen Darmfaden entfernen. Die entdarmten Garnelen beiseitestellen.
3. Die Chorizo häuten und in 24 etwa 5 mm dicke Scheiben schneiden.
4. Die Garnelen ins kochende Wasser geben. Die Hitze reduzieren und die Garnelen 1½–2 Minuten gar ziehen lassen, bis sie rosa sind und sich aufrollen.
5. Das Wasser abgießen und die Garnelen in einem Sieb unter fließend kaltem Wasser abschrecken. Mit einem sauberen Tuch trocken tupfen.
6. Je eine Wurstscheibe, ein Basilikumblatt und eine Garnele auf hölzerne Cocktailspieße stecken. Bis zum Servieren abgedeckt kalt stellen.

2

3

5

Gefüllte Cocktailtomaten

Ergibt: 24 Stück

Vorbereitung: 35 Min. plus Abtropfzeit

Garzeit: keine

Zutaten

24 Cocktailtomaten

Sardellen-Oliven-Füllung

50 g Sardellenfilets in Öl aus der Dose

8 grüne Oliven mit Paprikafüllung, fein gehackt

2 große hart gekochte Eier, fein gehackt

Pfeffer

Krebs-Mayonnaise-Füllung

170 g Krebsfleisch aus der Dose, abgetropft

4 EL Mayonnaise

1 EL frisch gehackte glatte Petersilie

Salz und Pfeffer

Paprikapulver, zum Garnieren

Oliven-Kapern-Füllung

12 schwarze Oliven, entsteint

3 EL Kapern

6 EL Aioli (siehe Seite 50 oder 184)

Salz und Pfeffer

Zubereitung

1 Falls erforderlich, vom Stielansatz der Tomaten eine sehr dünne Scheibe abschneiden, damit sie gut stehen. Oben jeweils einen dünnen Deckel abschneiden und die Tomaten mit einem Teelöffel aushöhlen (Deckel, Fruchtfleisch und Kerne anderweitig verwenden). Auf Küchenpapier mit der Öffnung nach unten 5 Minuten abtropfen lassen.

2 Für die Sardellen-Oliven-Füllung die Sardellen abtropfen lassen (das Öl auffangen), fein hacken und in eine Schüssel geben. Oliven und Eier zufügen. Mit ein wenig Sardellenöl beträufeln und mit Pfeffer würzen. Nicht salzen. Alles gut vermischen.

3 Für die Krebs-Mayonnaise-Füllung Krebsfleisch, Mayonnaise und Petersilie in einer Schüssel gut mischen. Mit Salz und Pfeffer abschmecken. Vor dem Servieren mit Paprikapulver bestreuen.

4 Für die Oliven-Kapern-Füllung Oliven und Kapern auf Küchenpapier gut abtropfen lassen, dann fein hacken und in eine Schüssel geben. Die Aioli zufügen und vermischen. Mit Salz und Pfeffer abschmecken.

5 Je eine Füllung in einen Spritzbeutel mit glatter Tülle (2 cm Ø) geben und je 8 ausgehöhlte Tomaten damit füllen. Bis zum Servieren kalt stellen.

Datteln im Schinkenmantel

Ergibt: 24 Stück

Vorbereitung: 20 Min. plus Kühlzeit

Garzeit: 5–6 Min.

Zutaten

24 große getrocknete Datteln

150 g Manchego

6 feine Scheiben Serrano-Schinken

spanisches Olivenöl, zum Bestreichen

Zubereitung

1 Die Datteln mit einem kleinen Messer aufschneiden und, falls nötig, die Steine herauslösen.

2 Den Käse entrinden und in 24 etwa 5 mm dicke Stifte schneiden, die von der Länge her in die Datteln passen.

3 Die Datteln mit den Käsestiften füllen und wieder zudrücken.

4 Die Schinkenscheiben in jeweils 4 lange Streifen schneiden.

5 Die Datteln mit den Schinkenstreifen umwickeln. Die Enden gut andrücken, damit die Schinkenstreifen sich nicht lösen.

6 Eine Pfanne auf höchster Stufe heiß werden lassen. Mit Öl bestreichen und überschüssiges Öl mit einem Stück Küchenpapier wieder auswischen.

7 Die Datteln, gegebenenfalls portionsweise, 1–1½ Minuten anbraten, bis der Schinken knusprig ist.

8 Die Datteln wenden und nochmals 1 Minute braten, bis der Käse weich und der Schinken von dieser Seite ebenfalls knusprig ist.

9 Die Datteln 2 Minuten abkühlen lassen, dann mit Cocktailspießchen servieren.

3

5

7

Heißer Sardellendip mit Gemüse

Für 8 Portionen Vorbereitung: 15–20 Min. Garzeit: 5 Min.

Zutaten

100 g Sardellenfilets in Öl aus der Dose

4 große Knoblauchzehen, ungeschält

Meersalz

125 ml spanisches natives Olivenöl extra

Sherry-Essig, zum Abschmecken

Pfeffer

gemischtes rohes Gemüse, z. B. Chicoréeblätter, Zucchinischeiben und Paprikastreifen, zum Servieren

Zubereitung

1 Die Sardellenfilets abtropfen lassen und das Öl auffangen.

2 Die Sardellenfilets fein hacken und zusammen mit dem aufgefangenen Öl in einer Pfanne auf kleiner Stufe erhitzen.

3 Auf einem Schneidebrett die Knoblauchzehen mit der Klinge eines Kochmessers andrücken und die Schalen abziehen.

4 Die Knoblauchzehen leicht salzen und mit der Klinge des Kochmessers zu einer Paste zerdrücken.

5 Knoblauchpaste und Olivenöl zu den Sardellen geben. Die Hitze erhöhen und rühren, bis die Sardellen sich auflösen. Darauf achten, dass der Knoblauch nicht anbrennt.

6 Mit Essig und Pfeffer abschmecken.

7 Den Dip in eine Servierschale füllen und sofort mit Gemüserohkost servieren.

2

3

5

Frittierte Calamares

Für 6 Portionen | Vorbereitung: 15 Min. | Garzeit: 15–20 Min.

Zutaten

500 g küchenfertiger Kalmar

Mehl, zum Bestäuben

Sonnenblumenöl, zum Frittieren

Meersalz

Zitronenspalten und Aioli (siehe Seite 50 oder 184), zum Servieren

Zubereitung

1 Die Tentakel abschneiden. Den Kalmar in 1 cm breite Ringe schneiden und große Tentakel halbieren.

2 Die Kalmarstücke mit Mehl bestäuben, sodass alle dünn überzogen sind.

3 Reichlich Öl in einer Fritteuse oder einem großen Topf auf 180–190 °C erhitzen, sodass ein Brotwürfel darin innerhalb von 30 Sekunden braun wird. Die Kalmarstücke portionsweise hineingeben und 2–3 Minuten goldbraun frittieren. Nicht zu lange garen!

4 Mit einem Schaumlöffel aus dem heißen Fett nehmen und auf Küchenpapier abtropfen lassen. Im Backofen warm halten, bis alle Kalmarstücke fertig frittiert sind.

5 Den Kalmar mit Meersalz bestreuen. Sofort mit Zitronenspalten zum Beträufeln und Aioli zum Dippen servieren.

Eingelegte gefüllte Paprika

Für 6 Portionen

Vorbereitung: 15 Min. plus Kühlzeit

Garzeit: keine

Zutaten

200 g Queso del Tiétar oder anderer Ziegenfrischkäse

400 g eingelegte rote Paprika (oder Pimientos del Piquillo), abgetropft

1 EL frisch gehackter Dill

Salz und Pfeffer

Zubereitung

1. Den Käse in etwa 1 cm große Stücke schneiden. Die Paprika seitlich aufschlitzen, nach Belieben eventuell noch verbliebene Kerne entfernen. Die Paprika mit dem Käse füllen.
2. Die gefüllten Paprika auf Tellern anrichten, mit dem Dill bestreuen und mit Salz und Pfeffer würzen. Abgedeckt bis zum Servieren in den Kühlschrank stellen.

Marinierte Auberginen

Für 4 Portionen

Vorbereitung: 20 Min.
plus Marinierzeit

Garzeit: 1 Std.

Zutaten

2 Auberginen, längs halbiert
4 EL spanisches Olivenöl
2 Knoblauchzehen, fein gehackt
2 EL frisch gehackte Petersilie
1 EL frisch gehackter Thymian
2 EL Zitronensaft
Salz und Pfeffer

Zubereitung

1 Die Schnittflächen der Auberginenhälften je zwei- bis dreimal einschneiden. Die Auberginen mit der Schale nach oben in eine Auflaufform legen. Salzen und pfeffern, dann mit dem Olivenöl beträufeln und mit Knoblauch, Petersilie und Thymian bestreuen. Abgedeckt bei Zimmertemperatur 2–3 Stunden marinieren.

2 Den Backofen auf 180 °C vorheizen. Die Auberginen ohne Deckel im Ofen 45 Minuten rösten. Die Form aus dem Ofen nehmen und die Auberginen wenden. Mit der Sauce aus der Form bestreichen und mit dem Zitronensaft beträufeln. Zurück in den Ofen geben und weitere 15 Minuten rösten.

3 Die Auberginen auf einem Teller anrichten. Die Sauce aus der Form darübergeben und heiß oder warm servieren.

Feurige Garnelenpfanne

Für 6 Portionen | Vorbereitung: 15 Min. | Garzeit: 5 Min.

Zutaten

500 g große rohe Garnelen

6 EL spanisches Olivenöl

2 Knoblauchzehen, fein gehackt

1 kleine frische rote Chili, entkernt und fein gehackt

1 Prise Paprikapulver

1 Prise Salz

knusprig frisches Bauernbrot, zum Servieren

Zubereitung

1 Die Garnelen auslösen. Dabei die Schwanzenden intakt lassen. Entlang des Rückens einschneiden und den schwarzen Darmfaden herauslösen.

2 Die Garnelen unter fließend kaltem Wasser abspülen. Auf Küchenpapier legen und trocken tupfen.

3 Das Öl in einer großen Pfanne stark erhitzen. Den Knoblauch darin 30 Sekunden anbraten.

4 Die Garnelen mit Chili, Paprikapulver und Salz zufügen und 2–3 Minuten unter ständigem Rühren anbraten, bis sie rosa werden und sich aufrollen.

5 Die Garnelen in eine Servierform geben und sofort mit frischem Brot servieren.

Frittierter Manchego

Für 6 Portionen   Vorbereitung: 15–20 Min.   Garzeit: 12 Min.

Zutaten

200 g Manchego

3 EL Mehl

1 Ei

1 TL Wasser

80 g frische weiße oder Vollkornsemmelbrösel

Sonnenblumenöl, zum Frittieren

Salz und Pfeffer

Zubereitung

1 Den Käse in 6 etwa 1 cm dicke Dreiecke schneiden.

2 Das Mehl in einen Gefrierbeutel geben. Salzen und pfeffern.

3 Das Ei mit dem Wasser in eine flache Form geben und verquirlen.

4 Die Semmelbrösel auf einem großen Teller verteilen.

5 Die Käseecken in den Gefrierbeutel geben und im Mehl wenden, bis sie gleichmäßig überzogen sind.

6 Die Käseecken erst im Ei und dann in den Semmelbröseln wenden, bis sie vollständig überzogen sind.

7 Reichlich Öl in einer Fritteuse oder einem großen Topf auf 180–190 °C erhitzen, sodass ein Brotwürfel darin innerhalb von 30 Sekunden braun wird. Die Käseecken portionsweise hineingeben und 1–2 Minuten goldbraun ausbacken.

8 Die Käseecken mit einem Schaumlöffel aus dem Fett nehmen. Auf Küchenpapier abtropfen lassen und sofort servieren.

1

2

6

Käsebällchen mit feuriger Tomaten-Salsa

Für 8 Portionen

Vorbereitung: 20–25 Min. plus Kühlzeit

Garzeit: 35–45 Min.

Zutaten

70 g Mehl

50 ml spanisches Olivenöl

150 ml Wasser

2 Eier, verquirlt

60 g Manchego, Parmesan, alter Gouda oder Gruyère, fein gerieben

½ TL Paprikapulver

Salz und Pfeffer

Sonnenblumenöl, zum Frittieren

Feurige Tomaten-Salsa

2 EL spanisches Olivenöl

1 kleine Zwiebel, fein gehackt

1 Knoblauchzehe, fein gehackt

1 Schuss trockener Weißwein

400 g gewürfelte Tomaten aus der Dose

1 EL Tomatenmark

¼–½ TL Chiliflocken

1 Spritzer Tabascosauce

1 Prise Zucker

Salz und Pfeffer

Zubereitung

1 Für die Salsa das Öl in einem Topf erhitzen. Die Zwiebel darin 5 Minuten weich dünsten, aber nicht braun werden lassen. Den Knoblauch zugeben und 30 Minuten mitdünsten. Den Wein zugießen, aufkochen lassen, dann die restlichen Zutaten für die Salsa in den Topf geben. Ohne Deckel 10–15 Minuten köcheln lassen, bis die Sauce dicklich ist. In eine Schüssel umfüllen und bis zum Servieren beiseitestellen.

2 Inzwischen die Käsebällchen vorbereiten. Das Mehl auf einen Teller oder einen Bogen Backpapier sieben. Olivenöl und Wasser in einem Topf langsam zum Kochen bringen. Sobald es kocht, den Topf vom Herd nehmen und rasch das ganze Mehl hineingeben. Mit einem Kochlöffel rühren, bis sich der Teig von der Topfwand löst.

3 Den Teig 1–2 Minuten abkühlen lassen, dann die Eier einzeln zugeben und kräftig einrühren; der Teig soll recht fest bleiben. Käse und Paprika zufügen, mit Salz und Pfeffer würzen und nochmals gut durchrühren. Bis zum Frittieren in den Kühlschrank stellen.

4 Kurz vor dem Servieren reichlich Sonnenblumenöl in einer Fritteuse auf 180–190 °C erhitzen, sodass ein Brotwürfel darin innerhalb von 30 Sekunden braun wird. Mit einem Teelöffel Klößchen vom Teig abstechen und portionsweise im heißen Öl

knusprig braun frittieren; zwischendurch einmal wenden. Die kleinen Windbeutel sind gar, wenn sie aufgegangen sind und an der Oberfläche des Öls schwimmen. Auf Küchenpapier gut abtropfen lassen.

5 Die Käsebällchen heiß mit der Salsa servieren. Am besten Holzstäbchen dazureichen, um die Bällchen aufzuspießen und in die feurige Tomaten-Salsa zu tunken.

Gefüllte Chilis

Für 4 Portionen | Vorbereitung: 25 Min. | Garzeit: 16–18 Min.

Zutaten

3 Eier, getrennt
60 g Mehl
325 g mittelalter Gouda
16 frische grüne Jalapeño-Chilis
Sonnenblumen- oder Maiskeimöl, zum Ausbacken

Zubereitung

1 Das Eiweiß in einer trockenen, fettfreien Schüssel steif schlagen.

2 Das Eigelb in einer zweiten Schüssel verquirlen. Dann den Eischnee unterheben.

3 Das Mehl in einer flachen Form verteilen.

4 225 g Käse in 16 Stifte schneiden. Den restlichen Käse reiben.

5 Die Chilis längs einschneiden, die Kerne herauslösen, ausspülen und mit Küchenpapier trocken tupfen.

6 Den Backofengrill vorheizen. Die Chilis mit den Käsestiften füllen. Reichlich Öl in einer Fritteuse oder einem hohen Topf auf 180–190 °C erhitzen, sodass ein Brotwürfel in 30 Sekunden braun wird.

7 Die Chilis erst in die Eiermasse tauchen und dann im Mehl wenden. Portionsweise ins heiße Fett geben und goldbraun ausbacken. Auf Küchenpapier abtropfen lassen.

8 Die Chilis in eine Auflaufform geben und mit dem geriebenen Käse bestreuen. Unter dem vorgeheizten Grill überbacken, bis der Käse geschmolzen ist.

9 Sofort heiß servieren.

4

5

6

Teufelseier

Ergibt: 16 Stück   Vorbereitung: 25–30 Min.   Garzeit: 15–20 Min.

Zutaten

8 Eier (Größe L)

2 ganze Pimientos del Piquillo (Glas oder Dose)

16 spanische grüne Oliven, entsteint

5 EL Mayonnaise

8 Spritzer Tabascosauce

1 Prise Cayennepfeffer

Salz und Pfeffer

Romana-Salatherzenblätter, zum Servieren

geräuchertes Paprikapulver, zum Bestäuben

Zubereitung

1 Die Eier in einen Topf geben, mit kaltem Wasser bedecken und zum Kochen bringen. Die Hitze auf sehr kleine Stufe reduzieren und die Eier bei aufgelegtem Deckel 10 Minuten köcheln lassen. Unter fließend kaltem Wasser abschrecken und abkühlen, bis sie in die Hand genommen werden können.

2 Die Eier schälen, dann längs halbieren und das Eigelb vorsichtig herauslösen.

3 Das Eigelb mit einem Silikonschaber durch ein feines Sieb in eine Schale streichen. Dann mit einer Gabel cremig rühren.

4 Die Pimientos mit Küchenpapier trocken tupfen. Für die Garnierung 16 schmale Streifen zurechtschneiden. Den Rest fein hacken. Die Hälfte der Oliven fein hacken. Die restlichen Oliven halbieren. Gehackte Pimientos und Oliven zum Eigelb geben. Die Mayonnaise zufügen und alles sorgfältig verrühren. Mit Tabascosauce, Cayennepfeffer, Salz und Pfeffer abschmecken.

5 Die Eiermasse mithilfe eines Teelöffels in die Eiweißhälften füllen. Die Teufelseier mit je einem Pimiento-Streifen und einer Olivenhälfte garnieren.

6 Die Salatblätter auf einer Servierplatte verteilen und je eine Eihälfte daraufsetzen. Mit etwas Paprikapulver bestäubt servieren.

2

4

5

Melonen-Artischocken-Salat mit Chorizo

Für 8 Portionen

Vorbereitung: 35–40 Min. plus Kühlzeit

Garzeit: 6 Min.

Zutaten

12 kleine Artischocken

Saft von ½ Zitrone

2 EL spanisches Olivenöl

1 kleine orangefleischige Melone, z. B. Cantaloupe-Melone

200 g Chorizo, ohne Pelle

frischer Estragon oder glatte Petersilie, zum Garnieren

Dressing

3 EL spanisches natives Olivenöl extra

1 EL Rotweinessig

1 TL Senf

1 EL frisch gehackter Estragon

Salz und Pfeffer

Zubereitung

1 Die Stiele der Artischocken entfernen. Die Außenblätter rund um den Stielansatz abbrechen. Die Spitzen der zarten Blätter mit einer Schere abschneiden. Den Artischockenboden um den Stielansatz herum schälen. Die Schnittflächen mit Zitronensaft bestreichen oder die verarbeiteten Artischocken in eine Schüssel mit kaltem Wasser und etwas Zitronensaft legen. Vorsichtig das „Heu" (die seidigen „Haare" in der Mitte) mit den Fingern herausziehen oder mit einem Löffel herauskratzen. Das Heu sollte ganz entfernt werden, da es den Hals reizen kann. Bei sehr jungen Artischocken müssen Stiele und Heu nicht entfernt werden, wenn sie noch zart sind. Die Stiele sollten jedoch geschält werden. Artischocken vierteln und erneut mit Zitronensaft bestreichen.

2 Das Olivenöl in einer Pfanne erhitzen. Die Artischocken darin unter häufigem Rühren 5 Minuten goldbraun braten. In eine große Schüssel geben und abkühlen lassen.

3 Die Melone halbieren, die Kerne mit einem Löffel entfernen. Das Fruchtfleisch in mundgerechte Würfel schneiden. Zu den abgekühlten Artischocken geben. Die Chorizo in Stücke schneiden und ebenfalls in die Schüssel geben.

4 Für das Dressing alle Zutaten verquirlen. Kurz vor dem Servieren das Dressing über den Salat geben und umrühren. Mit Estragon oder Petersilie garnieren.

Tomaten-Ziegenkäse-Pastetchen

Für 6 Portionen

Vorbereitung: 25 Min. plus Kühlzeit

Garzeit: 20–25 Min.

Zutaten

70 g getrocknete Tomaten in Öl

1 Zucchini, in dünne Scheiben geschnitten

1 Knoblauchzehe, zerdrückt

250 g Blätterteig, aufgetaut, falls Tiefkühlware

Mehl, zum Bestäuben

150 g Ziegenfrischkäse

Salz und Pfeffer

Zubereitung

1 Den Backofen auf 220 °C vorheizen. Das Backblech leicht anfeuchten. Die Tomaten abtropfen lassen, dabei das Öl auffangen. Die Tomaten fein hacken. 1 Esslöffel des Tomatenöls in einer großen Pfanne erhitzen, dann die Zucchinischeiben zugeben und bei mittlerer Hitze unter Rühren 8–10 Minuten braten. Den Knoblauch zugeben und 30 Sekunden mitgaren. Vom Herd nehmen und abkühlen lassen.

2 Den Blätterteig auf eine leicht bemehlte Arbeitsfläche geben und dünn ausrollen. Mit einem Glas (8 cm Ø) 12 Kreise ausstechen. Falls nötig, die Teigreste zusammensetzen, ausrollen und wieder Kreise ausstechen. Die Kreise auf das Backblech geben und jeweils drei- bis viermal mit einer Gabel einstechen. Zucchini und Tomaten auf dem Teig verteilen, dabei jeweils einen 1 cm breiten Rand frei lassen. Auf jeden Teigboden 1 Teelöffel Ziegenkäse geben, etwas Tomatenöl darüberträufeln und mit Salz und Pfeffer bestreuen.

3 Die Pastetchen 10–15 Minuten backen. Der Teig sollte stark aufgehen und leicht anbräunen. Warm servieren.

Klippfischpuffer mit Spinat

Für 6 Portionen

Vorbereitung: 30–35 Min. plus Einweich- & Ruhezeit

Garzeit: 1 Std. 5 Min.–1 Std. 25 Min.

Zutaten

250 g getrockneter Klippfisch am Stück

150 g Mehl

1 TL Backpulver

¼ TL Salz

1 Ei (Größe L), leicht verquirlt

100–150 ml Milch

2 Zitronenscheiben

2 Stängel frische Petersilie

1 Lorbeerblatt

½ EL Olivenöl mit Knoblaucharoma

80 g Babyspinat, gewaschen

¼ TL geräuchertes Paprikapulver

spanisches Olivenöl, zum Frittieren

Meersalz, zum Bestreuen

Aioli (siehe Seite 50 oder 184), zum Servieren

Zubereitung

1 Den Klippfisch in eine große Schüssel geben, mit kaltem Wasser bedecken und 48 Stunden wässern. Das Wasser dabei mindestens 3-mal täglich wechseln.

2 Mehl, Backpulver und Salz in eine Schüssel sieben und eine Mulde in die Mitte drücken. Das Ei mit 100 ml Milch verquirlen und in die Vertiefung gießen. Mit den Trockenzutaten zu einem glatten Teig verrühren. 1 Stunde ruhen lassen. Falls der Teig zu dick ist, mit der restlichen Milch strecken.

3 Den Klippfisch abtropfen lassen und in eine große Pfanne geben. Zitronenscheiben, Petersilie und Lorbeer zufügen. Knapp mit Wasser bedecken und zum Kochen bringen. Die Hitze reduzieren und den Fisch 30–45 Minuten gar köcheln lassen.

4 Inzwischen das Knoblauchöl in einem kleinen Topf erhitzen. Den Spinat mit dem anhaftenden Wasser darin bei mittlerer Hitze in 3–4 Minuten zusammenfallen lassen.

5 Den Spinat in einem Sieb abtropfen lassen und sehr gut ausdrücken. Fein hacken und zusammen mit dem Paprikapulver unter den Teig rühren.

6 Den Fisch abtropfen lassen und zerteilen. Dabei Reste von Haut und Gräten entfernen. Die Fischstücke in den Teig rühren.

7 Reichlich Öl in einer großen Pfanne erhitzen. Mit einem geölten Esslöffel Teigstücke abstechen, portionsweise ins heiße Fett geben und 8–10 Minuten von beiden Seiten goldbraun braten.

8 Die Puffer mit einem Schaumlöffel aus dem Fett nehmen und auf Küchenpapier abtropfen lassen.

9 Die Klippfischpuffer mit Meersalz bestreuen und warm oder kalt mit Aioli zum Dippen servieren.

Frittierte grüne Chilis

Für 4–6 Portionen | Vorbereitung: 10 Min. | Garzeit: 10 Min.

Zutaten

spanisches Olivenöl, zum Frittieren

250 g frische milde oder scharfe grüne Chilis

Meersalz

Zubereitung

1 Eine gusseiserne Pfanne 7,5 cm hoch mit Olivenöl füllen und auf 190 °C erhitzen, sodass ein Brotwürfel darin innerhalb von 30 Sekunden braun wird.

2 Die Chilis abspülen und mit Küchenpapier gründlich trocken tupfen. In das heiße Öl geben und höchstens 20 Sekunden frittieren, bis sie leuchtend grün sind und die Haut Blasen wirft.

3 Mit einem Schaumlöffel herausnehmen und auf Küchenpapier gut abtropfen lassen. Mit Meersalz bestreuen und sofort servieren.

Frittierte Artischocken

Für 4–6 Portionen Vorbereitung: 30–35 Min. Garzeit: 30–35 Min.

Zutaten

60 g Mehl

½ TL Backpulver

¼ TL Salz

¼ TL scharfes oder mildes geräuchertes Paprikapulver

1 Knoblauchzehe, zerdrückt

5 EL Wasser

1 EL spanisches Olivenöl

Saft von ½ Zitrone

12 kleine Artischocken

Sonnenblumenöl oder spanisches Olivenöl, zum Frittieren

Aioli (siehe Seite 50 oder 184), zum Servieren

Zubereitung

1 Für den Teig Mehl, Backpulver, Salz, Paprikapulver und Knoblauch in eine große Schüssel geben und in die Mitte eine Vertiefung drücken. Langsam Wasser und Olivenöl in die Vertiefung gießen und sorgfältig mit dem Mehl zu einem glatten Teig verrühren und ruhen lassen.

2 Für die Artischocken eine Schüssel mit kaltem Wasser füllen und den Zitronensaft zugießen. Die Stiele von den Artischocken abschneiden. Alle Blätter abbrechen und das faserige Innere sorgfältig mit den Fingern oder einem Löffel entfernen. Die Artischockenböden sofort ins Zitronenwasser legen, damit sie sich nicht verfärben.

3 Die Artischockenböden in einen Topf mit kochendem Salzwasser geben und 15 Minuten garen. Gut abtropfen lassen und mit Küchenpapier abtupfen.

4 Das Sonnenblumenöl in einer Fritteuse auf 180–190 °C erhitzen, sodass ein Brotwürfel darin innerhalb von 30 Sekunden braun wird. Einen Artischockenboden auf ein Holzstäbchen spießen, in den Teig tauchen und dann mitsamt dem Stäbchen ins heiße Öl legen. Die Artischockenböden portionsweise 1–2 Minuten frittieren, bis sie goldbraun und knusprig sind. Aus dem Öl nehmen und auf Küchenpapier abtropfen lassen.

5 Heiß servieren und dazu Aioli zum Dippen reichen.

Schweinebauch-häppchen

Für 8 Portionen

Vorbereitung: 30 Min. plus Kühl- & Ruhezeit

Garzeit: 6 Std. 20 Min.

Zutaten

1 kg Schweinebauch, ohne Knochen, Schwarte eingeschnitten

2 Fenchel, halbiert

8 schwarze Pfefferkörner, zerstoßen

4 Knoblauchzehen, in Scheiben

125 ml trockener Weißwein

Salz

Romesco-Sauce (siehe Seite 52 oder 138), zum Servieren

Zubereitung

1 Den Backofen auf 150 °C vorheizen. Den Schweinebauch mit der Schwarte nach oben in einen großen Bräter legen. Fenchel, Pfeffer, Knoblauch und Wein zufügen, dann salzen.

2 So viel Wasser angießen, dass das Fleisch bedeckt ist. Zum Kochen bringen. Den Bräterdeckel aufsetzen und im Ofen 5½ Stunden schmoren, bis das Fleisch gar ist. Aus dem Ofen nehmen, den Deckel abnehmen und den Schweinebauch im Bräter etwa 30 Minuten abkühlen lassen.

3 Den Schweinebauch abtropfen lassen und auf ein Schneidebrett heben, das auch in den Kühlschrank passt. Ein Stück Backpapier, ein Backblech und Konservendosen zum Beschweren auf das Fleisch legen. Über Nacht im Kühlschrank ruhen lassen.

4 Den Backofen auf 180 °C vorheizen. Ein Backblech mit Backpapier auskleiden. Den Schweinebauch in mundgerechte Würfel schneiden. Die Schweinebauchwürfel portionsweise mit der Schwarte nach unten in eine beschichtete Pfanne geben und 6–8 Minuten braten, bis das Fett ausgelassen ist. Die Hitze auf mittlere bis starke Hitze erhöhen und weitere 5 Minuten braten, bis die Schwarte goldbraun und knusprig ist.

5 Die Würfel mit der Schwarte nach oben auf das vorbereitete Backblech setzen und im Ofen 20 Minuten backen. Die Schweinebauchwürfel auf einen Servierteller geben und Cocktailspießchen hineinstecken. Heiß mit Romesco-Sauce zum Dippen servieren.

Aioli

Ergibt: 350 ml

Vorbereitung: 15 Min. plus Kühlzeit (optional)

Garzeit: keine

Zutaten

3–4 große Knoblauchzehen, oder nach Belieben

1 Prise Meersalz

2 Eigelb (Größe L)

1 TL Zitronensaft

300 ml spanisches natives Olivenöl extra

Salz und Pfeffer

Zubereitung

1 Die Knoblauchzehen mit dem Meersalz in einen Mörser geben und zerdrücken.

2 Knoblauch, Eigelb und Zitronensaft in die Küchenmaschine geben und mixen.

3 Bei laufendem Motor das Öl durch die Einfüllöffnung langsam zugießen, sodass eine dicke Sauce entsteht.

4 Mit Salz und Pfeffer abschmecken. Sofort servieren oder bis zu 3 Tage abgedeckt im Kühlschrank lagern.

5 Die Aioli kann zu diversen Tapas-Gerichten gereicht werden. Sie sollte rechtzeitig aus dem Kühlschrank genommen und bei Zimmertemperatur serviert werden.

2

3

4

Romesco-Sauce

Ergibt: 300 ml

Vorbereitung: 20 Min. plus Ziehzeit

Garzeit: 20 Min.

Zutaten

4 große, vollreife Tomaten

16 abgezogene Mandeln

3 große Knoblauchzehen, ungeschält

1 getrocknete milde Chili, 20 Minuten in Wasser eingeweicht, trocken getupft

4 getrocknete rote Chilis, 20 Minuten in Wasser eingeweicht, trocken getupft

1 Prise Zucker

150 ml spanisches natives Olivenöl extra

1½ EL Sherry-Essig, oder nach Belieben

Salz und Pfeffer

Zubereitung

1 Den Backofen auf 180 °C vorheizen. Tomaten, Mandeln und Knoblauchzehen in eine Auflaufform geben. Im vorgeheizten Ofen 20 Minuten backen. Nach 7 Minuten prüfen, ob die Mandeln auch nicht zu dunkel werden. Die Mandeln aus der Form nehmen, sobald sie goldbraun sind.

2 Die Knoblauchzehen abziehen und die Tomaten häuten. Mit beiden Chilisorten in den Mixer geben und fein hacken.

3 Mandeln und Zucker zugeben und weitermixen.

4 Bei laufendem Motor langsam das Öl durch die Einfüllöffnung zugießen.

5 Den Essig zufügen und nochmals kurz mixen. Mit Salz und Pfeffer und nach Belieben auch mit weiterem Essig abschmecken.

6 Die Sauce in eine Schale füllen und mindestens 2 Stunden ziehen lassen oder abgedeckt bis zu 3 Tage im Kühlschrank lagern.

7 Die Sauce schmeckt als Beilage zu diversen Tapas-Gerichten. Zum Servieren sollte sie zimmerwarm sein. Abgesetztes Öl einfach wieder unterrühren.

2

4

6

Gesalzene Mandeln

Für 6–8 Portionen   Vorbereitung: 15 Min.   Garzeit: 20 Min.

Zutaten

4 EL spanisches Olivenöl

250 g abgezogene Mandeln

Meersalz

1 TL Paprikapulver edelsüß

Zubereitung

1. Den Backofen auf 180 °C vorheizen. Das Öl in eine große Auflaufform geben und durch Schwenken darin verteilen. Die Mandeln zugeben und im Öl wenden, bis sie damit gleichmäßig überzogen sind. Sie sollten den Boden der Form in einer Lage bedecken.
2. Die Mandeln im vorgeheizten Backofen unter mehrmaligem Wenden 20 Minuten goldbraun rösten.
3. Die Mandeln auf Küchenpapier abtropfen lassen. Dann in eine Servierschüssel geben.
4. Die noch heißen Mandeln großzügig mit Meersalz und Paprikapulver bestreuen und gut vermischen.
5. Die Mandeln warm oder kalt servieren. Am besten schmecken sie frisch zubereitet.

Variation

Für eine würzigere Note verwenden Sie geräuchertes statt edelsüßes Paprikapulver.

FLEISCH & GEFLÜGEL

Hühnerleberpastete

Für 6 Portionen

Vorbereitung: 25 Min.
plus Kühl- & Ruhezeit

Garzeit: 10–12 Min.

Zutaten

225 g Hühnerleber

150 g Butter

2 Knoblauchzehen, grob gehackt

2 TL frisch gehackter Salbei

2 EL Marsala

150 g Doppelrahmfrischkäse

Salz und Pfeffer

60 g Butter und 4–6 frische Salbeiblätter, zum Garnieren

Zubereitung

1 Die Lebern säubern und in kleine Stücke schneiden. 50 g Butter in einer schweren Pfanne zerlassen. Die Leberstücke zugeben und unter gelegentlichem Rühren 5–8 Minuten bei mittlerer Hitze anbraten und leicht bräunen (sie sollten innen noch rosa sein). Die Pfanne vom Herd nehmen.

2 Die Leber in kleinen Portionen in der Küchenmaschine pürieren. Dann die gesamte Leber in die Küchenmaschine geben, Knoblauch, gehackten Salbei und die restliche Butter hinzufügen und mit Salz und Pfeffer würzen.

3 Den Marsala in die benutzte Pfanne gießen, mit einem Holzlöffel den Bratensatz lösen und diese Mischung ebenfalls in die Küchenmaschine geben. Die Lebermischung glatt pürieren. Zum Schluss den Frischkäse untermixen, in kleine Servierschalen füllen und ganz auskühlen lassen.

4 Zum Garnieren die Butter in einer kleinen Pfanne bei geringer Hitze zerlassen und dann über die ausgekühlten Pasteten gießen. Die Salbeiblätter darauf anrichten und abkühlen lassen. Anschließend mit Frischhaltefolie bedeckt mindestens 1 Stunde im Kühlschrank ruhen lassen.

Variation

Alternativ können Sie Entenleber anstelle der Hühnerleber verwenden.

Gegrillte Lammkoteletts mit Paprika

Für 8 Portionen

Vorbereitung: 25–30 Min. plus Marinierzeit

Garzeit: 25–40 Min.

Zutaten

4 EL spanisches Olivenöl, plus etwas mehr zum Bestreichen

2 EL Rotwein- oder Sherry-Essig

2 große Knoblauchzehen, fein gehackt

1 EL Zucker

1 EL frisch gehackter Thymian

2 TL frisch gehackter Oregano

16 Lammkoteletts, pariert

4 rote Paprika, geviertelt

Salz und Pfeffer

Zubereitung

1 Öl, Essig, Knoblauch, Zucker, Thymian und Oregano in einer nicht metallenen Schüssel verrühren. Die Lammkoteletts mit der Mischung einreiben und abgedeckt bis zu 2 Stunden bei Zimmertemperatur marinieren.

2 Eine gerippte gusseiserne Grillpfanne bei starker Hitze heiß werden lassen. Mit Öl bestreichen und die Paprikastücke mit der Hautseite nach unten 12–15 Minuten weich grillen.

3 Die Paprika häuten und das Fruchtfleisch in feine Streifen schneiden.

4 Die Pfanne erneut erhitzen. Die Lammkoteletts salzen und pfeffern. Dann portionsweise 5–8 Minuten (oder länger, je nach gewünschter Garstufe) unter einmaligem Wenden grillen.

5 Die Paprikastreifen auf eine Servierplatte geben und die Lammkoteletts darauf anrichten. Nach Belieben warm, lauwarm oder kalt servieren.

1

3

4

Andalusische Fleischspieße

Ergibt: 16 Stück

Vorbereitung: 30 Min. plus Marinier- & Einweichzeit

Garzeit: 20 Min.

Zutaten

900 g magere Schweinekoteletts, etwa 1 cm dick, entbeint

2 große Knoblauchzehen, fein gehackt

2 TL geräuchertes Paprikapulver edelsüß

2 TL gemahlener Kreuzkümmel

¼ TL Zimt

1 Prise Cayennepfeffer

4 EL spanisches Olivenöl, plus etwas mehr zum Einfetten

2 TL Tomatenmark

1 grüne Paprika, in 16 Quadrate geschnitten

Salz und Pfeffer

Zitronenspalten, zum Servieren

Zubereitung

1 Das Fleisch in 32 mundgerechte Stücke schneiden.

2 Knoblauch, Paprikapulver, Kreuzkümmel, Zimt und Cayennepfeffer in einer Schüssel vermischen. Salzen und pfeffern. Öl und Tomatenmark unterrühren.

3 Das Fleisch zufügen und mit der Mischung einreiben. Abgedeckt mindestens 8 Stunden oder über Nacht im Kühlschrank marinieren.

4 Etwa 30 Minuten vor dem Grillen 16 hölzerne Spieße in kaltem Wasser einweichen. Den Backofengrill vorheizen und ein Backblech mit Öl einfetten.

5 Wasser in einem Topf zum Kochen bringen. Die Paprikastücke darin 1 Minute blanchieren. Das Wasser abgießen und die Paprika unter fließend kaltem Wasser abschrecken, dann trocken tupfen.

6 Je 2 Fleischstücke mit einem Paprikastück dazwischen auf die Spieße stecken.

7 Die Spieße auf das vorbereitete Backblech legen und mit der restlichen Marinade bestreichen.

8 Die Spieße 12–15 Minuten unter häufigem Wenden grillen, bis das Fleisch durchgegart und an den Rändern gebräunt ist.

9 Die Spieße sofort mit Zitronenspalten zum Beträufeln servieren.

1

3

6

Chorizo mit dicken Bohnen

Für 4 Portionen | Vorbereitung: 30–35 Min. | Garzeit: 15–20 Min.

Zutaten

1 kg frische dicke Bohnen, gepalt, oder 350 g Tiefkühlware aufgetaut

250 g Chorizo

2 EL fein gehackte frische Petersilie

Salz und Pfeffer

spanisches natives Olivenöl extra, zum Beträufeln

knusprig frisches Bauernbrot, zum Servieren

Zubereitung

1 Leicht gesalzenes Wasser in einem großen Topf zum Kochen bringen. Die Bohnen hineingeben und erneut aufkochen. Frische Bohnen 5–8 Minuten, Tiefkühlware 4–5 Minuten knackig gar kochen.

2 Inzwischen die Chorizo längs halbieren, häuten und in feine Scheiben schneiden.

3 Das Wasser abgießen und die Bohnen sofort in einer Schüssel mit Eiswasser abschrecken. Die Bohnen zwischen Daumen und Zeigefinger aus den Häuten drücken, trocken tupfen und beiseitestellen.

4 Die Chorizostücke ohne Fett in eine Pfanne geben und bei mittlerer bis starker Hitze 3–5 Minuten anbraten, bis das Fett ausgelassen ist. Die Petersilie untermischen. Salzen und pfeffern.

5 Bohnen und Chorizo in einer Servierschüssel vermengen. Mit nativem Olivenöl extra beträufeln. Warm oder kalt mit frischem Brot servieren.

2

3

4

Tomaten mit Paella-Füllung

Ergibt: 16 Stück

Vorbereitung: 25–30 Min.

Garzeit: 40–50 Min. plus Ruhezeit

Zutaten

1 große Prise Safranfäden

500 ml Hühnerbrühe

100 g Chorizo

1 Zwiebel, fein gehackt

4 große Knoblauchzehen, fein gehackt

250 g Fleisch aus der Hähnchenkeule ohne Haut und Knochen, klein gewürfelt

125 g Prinzessbohnen, fein gehackt

1 gelbe Paprika, fein gehackt

2 TL geräuchertes scharfes Paprikapulver

250 g spanischer Paella-Reis

16 Tomaten

Salz und Pfeffer

Zubereitung

1 Den Safran in einer Pfanne bei starker Hitze 30–60 Sekunden unter Rühren trocken rösten, bis er zu duften beginnt. Sofort in einen Topf geben, die Brühe zugießen und zum Kochen bringen. Den Topf vom Herd nehmen und abgedeckt ziehen lassen.

2 Die Chorizo häuten und fein würfeln.

3 Die Chorizowürfel ohne Fett in eine Pfanne geben und bei starker Hitze 3–5 Minuten unter Rühren anbraten, bis das Fett ausgelassen ist.

4 Zwiebel und Knoblauch zugeben. Die Hitze reduzieren und 5–8 Minuten unter gelegentlichem Rühren weich braten. Hähnchenfleisch, Bohnen, Paprika und Paprikapulver untermischen. Weitere 2 Minuten garen.

5 Den Reis zugeben und rühren, bis die Körner fettglänzend sind. Mit der Safranbrühe ablöschen. Salzen und pfeffern, dann ohne Rühren zum Kochen bringen.

6 Die Hitze auf sehr kleine Stufe reduzieren. Den Reis 20–25 Minuten ohne Deckel quellen lassen, bis die ganze Flüssigkeit aufgesogen und der Reis gar ist. Gelegentlich an der Pfanne rütteln, aber nicht rühren.

7 Inzwischen vom Stielansatz der Tomaten einen kleinen Deckel abschneiden, sodass sie Stand haben. Oben ebenfalls einen

Deckel abtrennen. Mit einem Teelöffel die Kerne herauslösen, innen mit Salz bestreuen und kopfüber abtropfen lassen.

8 Die Paella 5 Minuten ruhen lassen, dann mit einem Teelöffel in die Tomaten füllen.

9 Die Tomaten auf einem Servierteller anrichten und warm oder kalt servieren.

Knoblauch-Brotwürfel mit Chorizo

Für 6–8 Portionen | Vorbereitung: 20 Min. | Garzeit: 6–8 Min.

Zutaten

200 g Chorizo

4 dicke Scheiben Weißbrot vom Vortag

spanisches Olivenöl, zum Braten

3 Knoblauchzehen, fein gehackt

frische glatte Petersilie und Paprikapulver, zum Garnieren

Zubereitung

1 Die Chorizo in 1 cm dicke Scheiben schneiden. Das Brot mit Kruste in 1 cm große Würfel schneiden.

2 Den Boden einer gusseisernen Pfanne großzügig mit Olivenöl bedecken. Das Öl erhitzen, den Knoblauch hineingeben und 30–60 Sekunden leicht bräunen.

3 Die Brotwürfel in die Pfanne geben und unter ständigem Rühren knusprig goldbraun braten. Die Chorizo-Scheiben zufügen und 1–2 Minuten erhitzen. Brot und Chorizo mit einem Schaumlöffel aus der Pfanne heben und auf Küchenpapier abtropfen lassen.

4 Brot und Chorizo in eine vorgewärmte Schale geben und vermischen. Mit Petersilie garnieren und mit Paprika bestäubt warm servieren. Dazu Cocktailspießchen reichen, immer ein Wurststück und einen Brotwürfel zusammen aufspießen und verzehren.

Kichererbsen & Chorizo

Für 4 Portionen

Vorbereitung: 15–20 Min.

Garzeit: 8–10 Min.

Zutaten

250 g Chorizo am Stück, ohne Pelle

4 EL spanisches Olivenöl

1 Zwiebel, fein gehackt

1 große Knoblauchzehe, zerdrückt

400 g Kichererbsen aus der Dose, abgetropft und abgespült

6 Pimientos del Piquillo, abgetropft, trocken getupft und in Streifen geschnitten

1 EL Sherry-Essig, oder nach Geschmack

Salz und Pfeffer

frisch gehackte Petersilie, zum Garnieren

knuspriges Brot, zum Servieren

Zubereitung

1 Die Chorizo in 1 cm große Würfel schneiden. Das Öl in einer großen schweren Pfanne bei mittlerer Temperatur erhitzen. Zwiebel und Knoblauch darin unter gelegentlichem Rühren weich dünsten, aber nicht bräunen. Die Chorizowürfel zugeben und mitbraten, bis sie heiß sind.

2 Die Mischung in eine Schüssel geben. Kichererbsen und Pimientos unterrühren. Mit dem Essig beträufeln und mit Salz und Pfeffer abschmecken. Großzügig mit Petersilie bestreuen und heiß oder lauwarm zu knusprigem Brot servieren.

Hähnchenflügel Chilindrón

Ergibt: 16 Stück | Vorbereitung: 20 Min. | Garzeit: 50–60 Min.

Zutaten

16 Hähnchenflügel, Spitzen abgetrennt

4 EL spanisches Olivenöl

1 große Zwiebel, fein gehackt

je 1 große grüne und rote Paprika, klein gewürfelt

100 g Serrano-Schinken, gewürfelt

4 große Knoblauchzehen, fein gehackt

800 g gehackte Tomaten aus der Dose

2 Lorbeerblätter

1 EL getrockneter Thymian

125 ml Wasser

1 TL scharfes geräuchertes Paprikapulver

Salz und Pfeffer

Zubereitung

1 Die Hähnchenflügel salzen und pfeffern. Das Öl in einer großen, schweren Pfanne erhitzen. Die Hähnchenflügel darin bei mittlerer Hitze portionsweise von beiden Seiten goldbraun anbraten. Aus der Pfanne nehmen und beiseitestellen.

2 Zwiebel, Paprika, Schinken und Knoblauch in die Pfanne geben und 5–8 Minuten braten, bis die Zwiebel weich ist.

3 Tomaten, Lorbeerblätter, Thymian und Wasser untermischen. Salzen und pfeffern. Zum Kochen bringen. Die Hitze reduzieren und bei aufgelegtem Deckel 15 Minuten köcheln.

4 Paprikapulver und Hähnchenflügel zufügen. Mit der Sauce überziehen und bei aufgelegtem Deckel 15–20 Minuten gar köcheln lassen. Zur Probe die Flügel an der dicksten Stelle einstechen; der austretende Fleischsaft sollte klar sein.

5 Die Hähnchenflügel zusammen mit der Sauce auf eine Servierplatte geben und sofort servieren.

2

3

4

Steakwürfel mit Knoblauch & Sherry

Für 6–8 Portionen

Vorbereitung: 15 Min. plus Marinierzeit

Garzeit: 5–6 Min.

Zutaten

4 Rinderhüftsteaks (à 175–225 g), etwa 2,5 cm dick

5 Knoblauchzehen

3 EL spanisches Olivenöl

125 ml trockener spanischer Sherry

Salz und Pfeffer

frisch gehackte glatte Petersilie, zum Garnieren

knusprig frisches Bauernbrot, zum Servieren

Zubereitung

1 Die Steaks in 2,5 cm große Würfel schneiden und in eine große, flache Form geben. Drei Knoblauchzehen in feine Scheiben schneiden. Die restlichen zwei Knoblauchzehen fein hacken und auf den Fleischwürfeln verteilen. Salzen und pfeffern. Alles vermengen. Abgedeckt 1–2 Stunden im Kühlschrank ziehen lassen.

2 Das Öl in einer großen Pfanne erhitzen. Die Knoblauchscheiben bei kleiner Hitze 1 Minute unter Rühren leicht anbräunen. Die Hitze erhöhen, die Fleischwürfel zugeben und 2–3 Minuten unter ständigem Rühren rundum anbräunen.

3 Mit dem Sherry ablöschen und einkochen. Mit Salz würzen und in eine vorgewärmte Servierform füllen. Mit gehackter Petersilie bestreuen und sofort mit frischem Brot servieren.

Hühnerleber in Sherrysauce

Für 6 Portionen | Vorbereitung: 20 Min. | Garzeit: 12–14 Min.

Zutaten

500 g Hühnerleber

2 EL spanisches Olivenöl

1 kleine Zwiebel, gehackt

2 Knoblauchzehen, fein gehackt

100 ml trockener spanischer Sherry

2 EL frisch gehackte glatte Petersilie, plus Petersilie zum Garnieren

Salz und Pfeffer

frisches Bauernbrot oder Toastbrot, zum Servieren

Zubereitung

1 Die Hühnerlebern säubern und in mundgerechte Stücke schneiden. Das Öl in einer großen, schweren Pfanne erhitzen. Die Zwiebel darin 5 Minuten weich dünsten, aber nicht bräunen. Den Knoblauch zufügen und 30 Sekunden mitbraten.

2 Die Leberstücke zugeben und 2–3 Minuten unter ständigem Rühren anbraten, bis sie fest und angebräunt, aber innen noch rosa sind. Die Leberstücke mit einem Schaumlöffel in eine vorgewärmte Servierform heben.

3 Den Sherry in die Pfanne geben, die Hitze erhöhen und etwas einkochen lassen. Dabei den Bratensatz mit einem Kochlöffel vom Pfannenboden lösen. Die Sauce mit Salz und Pfeffer abschmecken.

4 Die Hühnerlebern mit der Sherrysauce überziehen und mit der gehackten Petersilie bestreuen. Mit Petersilienblättchen garnieren und sofort mit frischem Brot servieren.

Hähnchenrouladen mit Oliven

Für 6–8 Portionen   Vorbereitung: 25 Min.   Garzeit: 25–30 Min.

Zutaten

120 g spanische schwarze Oliven in Öl, abgetropft und 2 EL Öl aufgefangen

150 g weiche Butter

4 EL frisch gehackte Petersilie

4 Hähnchenbrustfilets

Zubereitung

1 Den Backofen auf 200 °C vorheizen. Die Oliven entsteinen und fein hacken. Oliven, Butter und Petersilie in einer Schüssel glatt rühren.

2 Die Hähnchenbrustfilets zwischen zwei Lagen Frischhaltefolie mit einem Fleischklopfer oder einer Teigrolle plattieren.

3 Die Fleischstücke von einer Seite mit der Olivenbutter bestreichen und aufrollen.

4 Mit hölzernen Cocktailspießen feststecken oder mit Küchengarn binden.

5 Die Hähnchenrouladen in eine Auflaufform legen. Mit dem aufgefangenen Olivenöl beträufeln und im vorgeheizten Ofen 25–30 Minuten gar braten. Zur Probe einstechen; der austretende Fleischsaft sollte klar sein.

6 Die Hähnchenrouladen auf ein Schneidebrett heben. Cocktailspieße oder Küchengarn entfernen und das Fleisch mit einem scharfen Messer in Scheiben schneiden.

7 Auf einer vorgewärmten Servierplatte anrichten und sofort servieren.

1

2

5

Hähnchenflügel mit Tomatendressing

Für 6–8 Portionen

Vorbereitung: 20 Min. plus Marinier- & Kühlzeit

Garzeit: 25–30 Min.

Zutaten

175 ml spanisches Olivenöl

3 Knoblauchzehen, fein gehackt

1 TL gemahlener Kreuzkümmel

1 kg Hähnchenflügel

2 Tomaten, gehäutet, entkernt und gewürfelt

5 EL Weißweinessig

1 EL frisch gehacktes Basilikum, plus einige Basilikumblätter zum Garnieren

Zubereitung

1 Den Backofen auf 180 °C vorheizen. 1 Esslöffel Öl in einer flachen Schale mit Knoblauch und Kreuzkümmel verrühren. Die Spitzen der Hähnchenflügel abschneiden und wegwerfen. Die Flügel in der Gewürzmischung wenden, dann abgedeckt 15 Minuten im Kühlschrank marinieren.

2 3 Esslöffel des restlichen Öls in einer großen schweren Pfanne erhitzen. Die Hähnchenflügel darin portionsweise goldbraun braten, zwischendurch häufig wenden. Dann in einen Bräter legen.

3 Die Hähnchenflügel im Ofen 10–15 Minuten backen, bis sie gar sind und beim Einstechen an der dicksten Stelle klarer Fleischsaft austritt.

4 Inzwischen das restliche Olivenöl mit Tomaten, Essig und Basilikum in einer Schüssel verrühren.

5 Die Hähnchenflügel mit einer Zange in eine Porzellan- oder Glasschüssel legen, mit dem Dressing übergießen und darin wenden. Mit Frischhaltefolie abdecken, abkühlen lassen und 4 Stunden kalt stellen. 30–60 Minuten vor dem Servieren aus dem Kühlschrank nehmen. Die Hähnchenflügel zimmerwarm und mit Basilikum garniert servieren.

Kartoffeln mit Chorizo

Für 4 Portionen Vorbereitung: 15 Min. Garzeit: 30–35 Min.

Zutaten

1 EL spanisches Olivenöl

500 g Kartoffeln, geschält und in mundgerechte Stücke geschnitten

200 g Chorizo ohne Darm, in dicke Scheiben geschnitten

50 g Frühstücksspeck, in dünne Scheiben geschnitten

300 ml Wasser

½ TL geräuchertes Paprikapulver edelsüß

1 Knoblauchzehe, zerdrückt

1 Lorbeerblatt

1 Prise Chiliflocken

Pfeffer

frisch gehackte glatte Petersilie, zum Garnieren

Zubereitung

1 Das Öl in einer großen schweren Pfanne erhitzen. Die Kartoffeln darin unter gelegentlichem Rühren 10 Minuten braten, bis sie angebräunt sind. Chorizo und Speck zugeben und alles weitere 2–3 Minuten braten, bis das Fett austritt.

2 Wasser, Paprikapulver, Knoblauch, Lorbeerblatt und Chiliflocken unterrühren. Abgedeckt 15–20 Minuten köcheln lassen, bis die Kartoffeln gar sind, zwischendurch gelegentlich umrühren. Mit Pfeffer abschmecken. Mit gehackter Petersilie garnieren und servieren.

Spare Ribs mit Paprikasauce

Für 6 Portionen   Vorbereitung: 20–25 Min.   Garzeit: 1 Std. 10 Min.

Zutaten

spanisches Olivenöl, zum Einfetten

1,25 kg Spare Ribs

Paprikasauce

100 ml trockener spanischer Sherry

5 TL scharfes oder mildes geräuchertes Paprikapulver

2 Knoblauchzehen, zerdrückt

1 EL getrockneter Oregano

150 ml Wasser

Salz

Zubereitung

1 Den Backofen auf 220 °C vorheizen. Einen großen Bräter einölen. Falls nötig, die Spare Ribs in einzelne Rippenstücke zerteilen und möglichst jede Rippe auch quer halbieren. Die Rippen nebeneinander in den vorbereiteten Bräter legen und im vorgeheizten Backofen 20 Minuten braten.

2 Alle Zutaten für die Sauce in einem Messbecher sorgfältig verrühren. Die Backofentemperatur auf 180 °C reduzieren. Das Fett aus dem Bräter abgießen. Die Spare Ribs mit der Sauce übergießen und darin wenden, damit sie rundum überzogen sind. Weitere 45 Minuten im Ofen braten, bis das Fleisch gar ist. Nach der Hälfte der Garzeit die Rippen einmal mit der Sauce bestreichen.

3 Die Spare Ribs auf eine vorgewärmte Servierplatte legen. Den Bräter auf die Kochplatte stellen, die Sauce zum Kochen bringen und auf niedriger Temperatur köcheln lassen, bis sie auf die Hälfte reduziert ist. Die Rippen mit der Sauce übergießen und heiß servieren.

Grüner Spargel mit Schinken

Ergibt: 16 Stück Vorbereitung: 20 Min. Garzeit: 20–25 Min.

Zutaten

16 Stangen grüner Spargel

8 feine Scheiben Serrano-Schinken, längs halbiert

spanisches Olivenöl, zum Bestreichen

Salz

Aioli (siehe Seite 50 oder 184), zum Servieren

Zubereitung

1 Die Spargelstangen an beiden Enden festhalten und biegen, bis das holzige Ende abbricht. Die Enden wegwerfen.

2 Eine große Pfanne mit leicht gesalzenem Wasser zum Kochen bringen. Den Spargel hineingeben und wieder zum Kochen bringen. Den Herd ausschalten und den Spargel bei aufgelegtem Deckel 3–5 Minuten knackig gar ziehen lassen.

3 Den Spargel mit einer Küchenzange herausheben und in einer Schüssel mit Eiswasser abschrecken. Die Stangen trocken tupfen und mit je einem Schinkenstreifen umwickeln.

4 Eine gerippte Grillpfanne bei starker Hitze heiß werden lassen, dann dünn mit Öl bestreichen. Die umwickelten Spargelstangen portionsweise 3–5 Minuten unter gelegentlichem Wenden knusprig braten.

5 Die Spargelstangen auf einem Servierteller anrichten. Warm oder kalt mit Aioli zum Dippen servieren.

Chorizo in Rotwein

Für 6 Portionen

Vorbereitung: 15 Min. plus Marinierzeit

Garzeit: 25–30 Min.

Zutaten

200 g Chorizo

200 ml trockener spanischer Rotwein

2 EL Weinbrand

frische glatte Petersilie, zum Garnieren

knusprig frisches Brot, zum Servieren

Zubereitung

1 Die Wurst mehrmals mit einer Gabel einstechen. Mit dem Wein in einen großen Topf geben und zum Kochen bringen. Die Hitze reduzieren und bei aufgelegtem Deckel 15–20 Minuten sanft köcheln lassen.

2 Chorizo und Wein in eine Schüssel geben und abgedeckt 8 Stunden oder über Nacht ziehen lassen.

3 Die Wurst abtropfen lassen, den Wein aufbewahren. Die Chorizo häuten und in 5 mm dicke Scheiben schneiden. Die Wurstscheiben nebeneinander in eine große schwere Pfanne legen.

4 Den Weinbrand in einem kleinen Topf sanft erhitzen.

5 Den Weinbrand über die Wurstscheiben gießen und anzünden.

6 Wenn die Flammen erloschen sind, die Pfanne leicht rütteln. Den aufbewahrten Wein zugießen und bei starker Hitze fast vollständig einkochen lassen.

7 Mit Petersilie garnieren und sofort mit Brot servieren.

2

3

5

Hackbällchen in Mandelsauce

Für 6 Portionen

Vorbereitung: 30–35 Min. plus Einweich- & Kühlzeit

Garzeit: 40–45 Min.

Zutaten

50 g Brot, ohne Kruste

3 EL Wasser

500 g Schweinehackfleisch

1 große Zwiebel, gehackt

1 Knoblauchzehe, zerdrückt

2 EL frisch gehackte glatte Petersilie, plus etwas mehr zum Garnieren

1 Ei, verquirlt

frisch geriebene Muskatnuss

Mehl, zum Bestäuben

2 EL spanisches Olivenöl

Zitronensaft (nach Belieben)

Salz und Pfeffer

Mandelsauce

2 EL spanisches Olivenöl

25 g helles oder dunkles Brot, zerzupft

120 g abgezogene Mandeln

2 Knoblauchzehen, fein gehackt

150 ml trockener Weißwein

425 ml Gemüsebrühe

Salz und Pfeffer

Zubereitung

1 Das Brot in eine Schale geben, mit dem Wasser beträufeln und etwa 5 Minuten einweichen. Das Brot dann von Hand ausdrücken und in eine große Schüssel geben. Schweinehack, Zwiebel, Knoblauch, Petersilie und Ei zufügen. Mit Muskatnuss, Salz und Pfeffer würzen. Von Hand zu einer glatten Masse verarbeiten.

2 Etwas Mehl auf einem großen Teller verteilen. Mit bemehlten Händen etwa 30 kleine Bällchen aus der Hackfleischmasse formen und im Mehl wenden, bis sie vollständig damit überzogen sind.

3 Das Öl in einer großen schweren Pfanne erhitzen. Die Hackbällchen darin, gegebenenfalls portionsweise, 4–5 Minuten rundum goldbraun braten. Mit einem Schaumlöffel auf einen Teller heben.

4 Für die Sauce das Öl in der Pfanne erhitzen. Brot und Mandeln darin unter häufigem Rühren sanft anbraten, bis sie goldbraun sind.

5 Den Knoblauch zufügen und 30 Sekunden mitbraten. Mit dem Wein ablöschen und 1–2 Minuten einkochen lassen. Mit Salz und Pfeffer würzen und etwas abkühlen lassen.

6 Die Mandelmischung mit der Brühe in den Mixer füllen und glatt pürieren. Die Sauce zurück in die Pfanne geben.

7 Die Hackbällchen in die Sauce legen und 25 Minuten köcheln lassen, bis sie durchgegart sind. Die Sauce mit Salz und Pfeffer abschmecken.

8 Die Hackbällchen mit der Sauce in eine vorgewärmte Servierform füllen. Mit Zitronensaft beträufeln und mit Petersilie garnieren. Sofort servieren.

Knusprige Hühnchen-Schinken-Kroketten

Ergibt: 8 Stück

Vorbereitung: 30 Min. plus Kühl- & Ruhezeit

Garzeit: 22–28 Min.

Zutaten

4 EL spanisches Olivenöl

4 EL Mehl

200 ml Milch

120 g gekochtes Hühnchenfleisch, sehr fein gehackt

60 g Serrano-Schinken, sehr fein gehackt

1 EL frisch gehackte glatte Petersilie

1 kleine Prise frisch geriebene Muskatnuss

1 Ei, verquirlt

50 g Semmelbrösel

Sonnenblumenöl, zum Frittieren

Salz und Pfeffer

Aioli (siehe Seite 50 oder 184), zum Servieren

Zubereitung

1 Das Olivenöl in einem Topf auf mittlerer Stufe erhitzen. Das Mehl einstreuen und 1 Minute unter ständigem Rühren anschwitzen.

2 Den Topf vom Herd nehmen. Unter ständigem Rühren nach und nach die Milch zugießen, bis die Masse glatt ist. Auf den Herd zurücksetzen. Unter Rühren aufkochen, bis die Sauce eindickt.

3 Den Topf vom Herd nehmen. Das Hühnchenfleisch zugeben und gut einrühren. Schinken, Petersilie und Muskatnuss sorgfältig einarbeiten, dann salzen und pfeffern.

4 Die Masse in eine Form streichen. 30 Minuten abkühlen lassen. 2–3 Stunden oder über Nacht abgedeckt im Kühlschrank ziehen lassen.

5 In 8 Portionen teilen und mit befeuchteten Händen zu Kroketten formen.

6 Das verquirlte Ei in einen tiefen Teller geben, die Semmelbrösel in einen zweiten. Die Kroketten nacheinander erst im Ei wenden und dann in den Semmelbröseln wälzen. Mindestens 1 Stunde im Kühlschrank ruhen lassen.

7 Reichlich Sonnenblumenöl in einer Fritteuse oder einem großen Topf auf 180–190 °C erhitzen, sodass ein Brotwürfel darin

innerhalb von 30 Sekunden braun wird. Die Kroketten 5–10 Minuten frittieren, bis sie goldbraun und knusprig sind.

8 Mit einem Schaumlöffel aus dem Öl heben und auf Küchenpapier abtropfen lassen.

9 Die Kroketten sofort mit Aioli zum Dippen servieren.

Schaschlik in Orangenmarinade

Für 6–8 Portionen

Vorbereitung: 20–25 Min. plus Marinierzeit

Garzeit: 10 Min.

Zutaten

3 EL Weißwein

2 EL spanisches Olivenöl

3 Knoblauchzehen, fein gehackt

Saft von 1 Orange

500 g Rumpsteak, gewürfelt

500 g Perlzwiebeln, halbiert

2 orange Paprika, in Quadrate geschnitten

250 g Cocktailtomaten, halbiert

Salz und Pfeffer

Zubereitung

1 Wein, Olivenöl, Knoblauch und Orangensaft in einer flachen Schale verrühren. Die Steakwürfel hineingeben, mit Salz und Pfeffer würzen und gut mischen. Mit Frischhaltefolie abgedeckt 2–8 Stunden im Kühlschrank marinieren.

2 Den Backofengrill vorheizen. Das Fleisch abtropfen lassen, die Marinade auffangen. Fleisch, Zwiebeln, Paprika und Tomaten abwechselnd auf kleine Spieße stecken.

3 Auf der oberen Schiene unter dem Backofengrill unter häufigem Wenden und Bestreichen mit der Marinade 10 Minuten braten. Auf vorgewärmte Teller geben und sofort servieren.

Lammspießchen mit Zitrone

Für 8 Portionen

Vorbereitung: 20–25 Min. plus Marinierzeit

Garzeit: 10 Min.

Zutaten

2 Knoblauchzehen, fein gehackt

1 Gemüsezwiebel, fein gehackt

2 TL abgeriebene Zitronenschale

2 EL Zitronensaft

1 TL frische Thymianblätter

1 TL gemahlener Koriander

1 TL gemahlener Kreuzkümmel

2 EL Rotweinessig

125 ml spanisches Olivenöl

1 kg Lammfilet, in 2 cm große Würfel geschnitten

Zitronen- oder Orangenscheiben, zum Garnieren

Zubereitung

1 Knoblauch, Zwiebel, Zitronenschale und -saft, Thymian, Koriander, Kreuzkümmel, Essig und Olivenöl in einer großen, flachen Schale gut verrühren.

2 Die Lammfleischwürfel auf 16 Holzspieße stecken, in die Schale geben und gründlich in der Marinade wenden. Mit Frischhaltefolie abgedeckt 2–8 Stunden kalt stellen, dabei gelegentlich wenden.

3 Den Backofengrill vorheizen. Die Spieße abtropfen lassen, die Marinade auffangen. Auf der oberen Schiene unter dem Backofengrill 10 Minuten oder nach Geschmack braten, dabei häufig wenden und mit der Marinade bestreichen.

4 Mit Zitronen- oder Orangenscheiben garniert sofort servieren.

Fleischbällchen mit grünen Oliven

Für 6 Portionen

Vorbereitung: 30–35 Min. plus Einweichzeit

Garzeit: 55–60 Min.

Zutaten

2 Scheiben Weißbrot vom Vortag (etwa 60 g), Kruste entfernt

3 EL Wasser

250 g mageres Schweinehackfleisch

250 g mageres Lammhackfleisch

2 kleine Zwiebeln, fein gehackt

3 Knoblauchzehen, zerdrückt

1 TL gemahlener Kreuzkümmel

1 TL gemahlener Koriander

1 Ei, leicht verquirlt

Mehl, zum Bestäuben

3 EL spanisches Olivenöl

400 g gehackte Tomaten aus der Dose

5 EL trockener Sherry oder Rotwein

1 Prise mildes oder scharfes geräuchertes Paprikapulver

1 Prise Zucker

175 g entsteinte grüne Oliven in Olivenöl

Salz und Pfeffer

knuspriges Brot, zum Servieren

Zubereitung

1 Das Brot in eine Schüssel geben, mit dem Wasser beträufeln und 30 Minuten quellen lassen. Dann gut ausdrücken und in eine trockene Schüssel geben.

2 Beide Hackfleischsorten, 1 gehackte Zwiebel, 2 zerdrückte Knoblauchzehen, Kreuzkümmel, Koriander und Ei zufügen. Mit Salz und Pfeffer würzen und die Zutaten sorgfältig vermengen. Die Hände mit Mehl bestäuben und die Hackfleischmischung zu gleich großen kleinen Kugeln formen. Die Kugeln leicht mit Mehl bestäuben.

3 2 Esslöffel Öl in einer großen Pfanne erhitzen. Die Fleischbällchen portionsweise darin bei mittlerer Hitze unter häufigem Wenden 8–10 Minuten goldbraun braten. Mit einem Schaumlöffel herausnehmen und beiseitestellen.

4 Das restliche Öl in einem Topf erhitzen und die zweite Zwiebel darin unter gelegentlichem Rühren 5 Minuten andünsten. Den restlichen Knoblauch zugeben und unter Rühren 30 Sekunden dünsten.

5 Tomaten, Sherry, Paprikapulver und Zucker unterrühren und salzen. Die Sauce zum Kochen bringen, dann die Hitze reduzieren und alles 10 Minuten köcheln lassen.

6 Die Sauce im Mixer oder mit dem Stabmixer glatt pürieren, dann wieder in den Topf geben.

7 Die Fleischbällchen vorsichtig unter die Sauce heben. Die Oliven zufügen und alles 20 Minuten sanft köcheln lassen, bis die Fleischbällchen ganz zart sind. Sofort mit knusprigem Brot servieren.

Paella de Marisco

Für 6 Portionen

Vorbereitung: 25–30 Min.

Garzeit: 1 Std. 5 Min.–1 Std. 15 Min.

Zutaten

4 EL natives Olivenöl extra

1 kg Hähnchenoberkeulen, -unterkeulen sowie -flügel, pariert

250 g küchenfertige Tintenfischtuben, in Ringe geschnitten

2 große Gemüsezwiebeln, fein gehackt

1 rote Paprika, in kleinen Stücken

6 Knoblauchzehen, fein gehackt

375 g Paella-Reis

1 große Prise Safranfäden

700 ml heiße Hühnerbrühe

125 ml Weißwein

4 große vollreife Tomaten, gehäutet und gewürfelt, oder 400 g gehackte Tomaten aus der Dose

½ TL scharfes geräuchertes Paprikapulver

1 EL frische Thymianblätter

1 TL Salz

250 g Mies-, Herz- oder kleine Venusmuscheln, gesäubert

250 g gekochte Riesengarnelen mit Schale

250 g Erbsen oder junge dicke Bohnen, Tiefkühlware aufgetaut

1 Handvoll gehackte Petersilie

Zitronenspalten und grüner Salat, zum Servieren

Zubereitung

1 1 Esslöffel Öl in eine Paella-Pfanne geben und stark erhitzen. Die Hähnchenteile darin unter gelegentlichem Wenden anbräunen, aber nicht durchgaren. Beiseitestellen. Die Tintenfischringe in der Pfanne kurz anbraten und beiseitestellen. Die Hitze reduzieren und das restliche Öl erhitzen. Zwiebeln und Paprika darin 15–20 Minuten weich dünsten. Den Knoblauch zufügen und weitere 5 Minuten garen. Den Reis untermischen und 1 Minute andünsten.

2 Den Safran in die Brühe geben, dann die Brühe mit dem Wein in die Pfanne gießen. Tomaten, Paprikapulver, Thymian, Hähnchenteile, Salz und Muscheln zufügen und zum Kochen bringen. Ohne Deckel bei geringer Hitze 20 Minuten köcheln lassen. Gelegentlich die Pfanne rütteln, jedoch nicht rühren.

3 Die Garnelen in die Reismischung drücken. Dann Erbsen, Petersilie und Tintenfisch darauf verteilen und weitere 10–15 Minuten köcheln, bis der Reis gar ist und die Flüssigkeit fast vollständig aufgesogen hat. Muscheln, die sich nicht geöffnet haben, aussortieren. Die Pfanne mit Alufolie abdecken und die Paella 5 Minuten ruhen lassen. Mit Zitronenspalten garnieren und aus der Pfanne servieren. Einen grünen Salat dazureichen.

Hähnchensalat mit Rosinen & Pinienkernen

Für 6–8 Portionen

Vorbereitung: 20 Min. plus Kühlzeit

Garzeit: 15 Min.

Zutaten

50 ml Rotweinessig

25 g Zucker

1 Lorbeerblatt

dünn abgeschälte Schale von 1 Zitrone

150 g kernlose Rosinen

4 Hähnchenbrustfilets (à 150 g)

5 EL spanisches Olivenöl

1 Knoblauchzehe, fein gehackt

150 g Pinienkerne

100 ml spanisches natives Olivenöl extra

1 kleines Bund glatte Petersilie, fein gehackt

Salz und Pfeffer

Zubereitung

1 Für das Dressing Essig, Zucker, Lorbeerblatt und Zitronenschale in einem Topf aufkochen, dann vom Herd nehmen. Die Rosinen einrühren und abkühlen lassen.

2 Wenn das Dressing kalt ist, das Fleisch quer zur Faser in sehr dünne Scheiben schneiden. Das Olivenöl in einer großen Pfanne erhitzen und das Fleisch darin unter gelegentlichem Rühren 8–10 Minuten braten, bis es gar und hellbraun ist.

3 Knoblauch und Pinienkerne zufügen und 1 Minute mitbraten, bis die Pinienkerne goldbraun sind. Zwischendurch die Pfanne rütteln. Mit Salz und Pfeffer abschmecken.

4 Das abgekühlte Dressing in eine große Schüssel gießen. Lorbeerblatt und Zitronenschale herausnehmen. Das native Olivenöl zufügen und gut verrühren. Mit Salz und Pfeffer abschmecken. Fleisch und Petersilie zugeben und gründlich mischen. Den Salat in eine Servierschüssel umfüllen und warm servieren. Alternativ 2–3 Stunden in den Kühlschrank stellen und kalt servieren.

Knusprige Hähnchenstücke

Für 6–8 Portionen

Vorbereitung: 25 Min. plus Marinierzeit

Garzeit: 30 Min.

Zutaten

500 g Hähnchenschenkel, ohne Haut und Knochen

3 EL Olivenöl

Saft von ½ Zitrone

2 Knoblauchzehen, zerdrückt

8 EL Mehl

Pflanzenöl, zum Frittieren

2 Eier, verquirlt

Salz und Pfeffer

Petersilie, zum Garnieren

Zitronenspalten, zum Servieren

Zubereitung

1 Das Hähnchenfleisch in 4 cm große Stücke schneiden. Olivenöl, Zitronensaft, Knoblauch, Salz und Pfeffer in einer Schüssel verquirlen. Das Fleisch zufügen und bei Zimmertemperatur 1 Stunde oder über Nacht im Kühlschrank marinieren.

2 Das Mehl auf einem flachen Teller verteilen und mit 1 Prise Salz und viel Pfeffer mischen.

3 Das Hähnchenfleisch aus der Marinade heben und abtropfen lassen.

4 Reichlich Öl in einer Fritteuse oder einem großen Topf auf 180 °C erhitzen, sodass ein Brotwürfel darin innerhalb von 30 Sekunden braun wird. Die Fleischstücke portionsweise erst im Mehl, dann im verquirlten Ei wenden. Die Hähnchenstücke in das heiße Öl geben und etwa 5 Minuten goldbraun und knusprig frittieren; dabei häufig wenden. Die Hähnchenstücke aus der Fritteuse heben und auf Küchenpapier abtropfen lassen.

5 Die Hähnchenstücke auf vorgewärmte Servierteller verteilen und mit Petersilie garnieren. Mit Zitronenspalten servieren.

Gefüllte Pilze mit Spinat & Speck

Für 4 Portionen | Vorbereitung: 20 Min. | Garzeit: 30 Min.

Zutaten

250 g Babyspinat

4 braune Riesenchampignons

3 EL Olivenöl

60 g Frühstücksspeck ohne Schwarte, fein gewürfelt

2 Knoblauchzehen, zerdrückt

60 g frische Semmelbrösel

2 EL frisch gehacktes Basilikum

Salz und Pfeffer

Zubereitung

1 Den Backofen auf 200 °C vorheizen. Den Spinat waschen und mit dem anhaftenden Wasser in einen Topf geben. 2–3 Minuten garen, bis er zusammenfällt. Abgießen und möglichst viel Flüssigkeit ausdrücken, dann fein hacken.

2 Die Champignons putzen, die Stiele aus den Pilzhüten lösen und fein hacken. Die ganzen Hüte beiseitelegen.

3 2 Esslöffel Öl in einer Pfanne erhitzen. Die Pilzhüte mit der Wölbung nach unten darin 1 Minute braten. Aus der Pfanne nehmen und mit der Wölbung nach unten in eine große Auflaufform setzen.

4 Gehackte Pilzstiele, Speck und Knoblauch in die Pfanne geben und 5 Minuten braten. Spinat, Semmelbrösel und Basilikum einrühren und mit Salz und Pfeffer würzen. Gründlich verrühren, dann die Mischung in die Pilzhüte füllen.

5 Mit dem restlichen Olivenöl beträufeln und im vorgeheizten Backofen 20 Minuten überbacken, bis die Füllung knusprig und goldbraun ist.

Chorizo-Taschen

Ergibt: 16 Stück

Vorbereitung: 40–45 Min. plus Gehzeit

Garzeit: 20 Min.

Zutaten

200 g Mehl, plus etwas mehr zum Bestäuben

1½ TL Trockenbackhefe

½ TL Salz

¼ TL Zucker

125 ml warmes Wasser

Sonnenblumenöl, zum Bestreichen

120 g Chorizo, ohne Pelle

Zubereitung

1 Für den Brotteig Mehl, Hefe, Salz und Zucker in eine große Schüssel geben. Eine Mulde in die Mitte drücken und das Wasser hineingeben. Vorsichtig das Mehl von außen nach innen einarbeiten. Mit den Händen kneten, bis ein weicher, elastischer Teig entsteht, der sich vom Schüsselrand löst.

2 Den Teig auf einer leicht bemehlten Arbeitsfläche 10 Minuten kneten. Er sollte glatt und nicht mehr klebrig sein. Den Teig zu einer Kugel formen und in eine saubere Schüssel legen. Abgedeckt an einem zugfreien, warmen Ort mindestens 1 Stunde gehen lassen, bis sich das Teigvolumen verdoppelt hat.

3 Den Backofen auf 200 °C vorheizen. Ein Backblech mit Öl bestreichen. Die Chorizo in 16 Stücke schneiden. Den Teig auf einer leicht bemehlten Arbeitsfläche ausrollen und einige Minuten mit den Fingern flach drücken. Den Teig in 16 Stücke teilen. Jedes Stück zu einer Kugel formen und dann zu einem Kreis ausrollen.

4 Ein Chorizostück auf jeden Teigkreis setzen und den Teig um das Stück herum fest verschließen. Die Teigtaschen mit der Naht nach unten auf das Backblech legen.

5 Die Teigtaschen 20 Minuten backen, dann in einem Brotkörbchen oder einer Servierschale sofort heiß servieren, sonst werden sie hart und trocken.

Katalanischer Bohnen-Wurst-Eintopf

Für 6 Portionen | Vorbereitung: 20 Min. | Garzeit: 1 Std.

Zutaten

2 EL Olivenöl, plus etwas mehr zum Braten

5 Scheiben ungeräucherter Speck, in 1 cm langen Streifen

2 Zwiebeln, gehackt

3 große Knoblauchzehen, fein gehackt

6 große Schweinswürste

450 g Chorizo am Stück

400 g weiße Bohnen aus der Dose, abgespült und abgetropft

1 l Hühnerbrühe

250 g frische dicke Bohnen, oder Tiefkühlware aufgetaut

6 EL frisch gehackte glatte Petersilie

knusprig frisches Brot, zum Servieren

Zubereitung

1 Das Öl in einem großen Topf auf mittlerer Stufe erhitzen und den Speck darin 10 Minuten unter Wenden anbraten, bis er Farbe annimmt. Mit einem Schaumlöffel herausheben und auf einen Teller legen. Die Zwiebeln in den Topf geben und etwa 10 Minuten bei geringer Hitze unter Rühren anbraten, bis sie etwas Farbe annehmen. Den Knoblauch zufügen und alles weitere 3 Minuten braten.

2 In der Zwischenzeit eine Pfanne mit etwas Öl einstreichen und bei mittlerer Temperatur erhitzen. Die Schweinswürstchen darin rundum anbraten, dabei jedoch nicht zu stark anbräunen. Die Würste auf einen Teller heben und in jeweils 4 Teile schneiden. Die Pelle von der Chorizo entfernen und die Wurst in 2–3 cm große Stücke schneiden.

3 Speck, Würste, Chorizo und weiße Bohnen in den Topf zu der Zwiebelmischung geben. Die Brühe zugießen, die Kasserolle bedecken und alles zum Kochen bringen. Die Hitze reduzieren und alles 15 Minuten köcheln.

4 Dicke Bohnen und die Hälfte der Petersilie einrühren und alles aufkochen. Die Hitze erneut reduzieren und den Eintopf weitere 5 Minuten köcheln, bis die Bohnen gerade weich sind. Auf Teller verteilen, mit der restlichen Petersilie bestreuen und mit knusprigem Brot servieren.

Gebratene Kalbfleischstreifen mit Paprika

Für 8 Portionen

Vorbereitung: 20–25 Min. plus Kühlzeit

Garzeit: 25 Min.

Zutaten

- 3 große rote Paprika, geviertelt
- 3–4 EL Olivenöl
- 700 g Kalbsschnitzel, in 1 cm breite Streifen geschnitten
- 80 g durchwachsener Speck, fein gewürfelt
- 2 Zwiebeln, in Ringe geschnitten
- 3 Knoblauchzehen, fein gehackt
- 250 g vollreife rote Tomaten, entkernt und grob gehackt
- 125 ml Sherry (Amontillado oder Cream)
- frisch gehackte glatte Petersilie, zum Garnieren

Zubereitung

1 Den Backofengrill auf hoher Stufe vorheizen. Die Paprika mit der Haut nach oben auf ein Blech legen und nah an den Heizschlangen 4 Minuten grillen, bis die Haut schwarz wird und Blasen wirft. In einen Gefrierbeutel legen und abkühlen lassen. Die Haut abziehen und das Fruchtfleisch in Streifen schneiden.

2 1 Esslöffel Öl in einer großen schweren Pfanne bei mittlerer Temperatur erhitzen. Das Fleisch portionsweise unter ständigem Rühren 2 Minuten braten, bis es leicht gebräunt ist. Dabei jeweils etwas Öl in die Pfanne geben. Das Fleisch mit einem Schaumlöffel aus der Pfanne nehmen und auf einen Teller legen.

3 Den Speck in die Pfanne geben und erhitzen, bis Fett austritt. Zwiebeln und Knoblauch zufügen und bei niedriger Temperatur weich dünsten. Tomaten und Sherry zugeben. Weitere 5 Minuten köcheln lassen, bis die Tomaten zerfallen und die Flüssigkeit weitgehend verdampft ist.

4 Das Fleisch mit dem ausgetretenen Saft und den Paprikastreifen in die Pfanne geben und 1–2 Minuten durchwärmen. Mit gehackter Petersilie garnieren und sofort servieren.

Variation

Statt Kalbsschnitzeln können Sie auch Schweine- oder Hähnchenschnitzel verwenden.

FISCH & MEERESFRÜCHTE

Katalanischer Klippfischsalat

Für 4–6 Portionen

Vorbereitung: 30–35 Min.
Einweich- & Marinierzeit

Garzeit: 6–8 Min.

Zutaten

400 g getrockneter Klippfisch am Stück

6 Frühlingszwiebeln, schräg in dünne Ringe geschnitten

6 EL natives Olivenöl extra

1 EL Sherry-Essig

1 EL Zitronensaft

2 große rote Paprika, gegrillt, gehäutet und sehr fein gewürfelt

12 große schwarze Oliven, entsteint und in Ringe geschnitten

2 Fleischtomaten, in dünne Scheiben geschnitten, zum Servieren

2 EL fein gehackte frische Petersilie, zum Garnieren

Pfeffer

Zubereitung

1 Den Klippfisch in eine große Schüssel legen, mit kaltem Wasser bedecken und mindestens 48 Stunden wässern, dabei gelegentlich das Wasser wechseln.

2 Den Klippfisch mit Küchenpapier trocken tupfen, Haut und Gräten entfernen und dann mit den Fingern in kleine Stückchen zerteilen. Zusammen mit Frühlingszwiebeln, Öl, Essig und Zitronensaft in eine große nicht metallene Schüssel geben und alles vermengen. Mit Pfeffer würzen, abdecken und 3 Stunden im Kühlschrank ziehen lassen.

3 Paprika und Oliven unterrühren. Gegebenenfalls nachwürzen, dabei den Salzgehalt von Fisch und Oliven berücksichtigen. Die Tomatenscheiben und den Salat auf einer Servierplatte oder auf Portionstellern anrichten. Mit der Petersilie bestreuen und servieren.

Variation

Garnieren Sie den Salat mit 2–3 hart gekochten, geviertelten Eiern.

Sardellen mit Chorizo & Fenchel

Für 8 Portionen Vorbereitung: 25–30 Min. Garzeit: 24–34 Min.

Zutaten

100 g Chorizo

1 Fenchel, geputzt und sehr fein gehackt

2 TL Fenchelsamen

1 Prise Chiliflocken

4 große Tomaten, gehäutet, entkernt und grob gehackt

spanisches Olivenöl, zum Einfetten

8 frische Sardellen, ausgenommen und ohne Kopf

Salz und Pfeffer

Zitronenspalten, zum Servieren

Zubereitung

1 Die Chorizo häuten und grob hacken.

2 Die Chorizostücke in eine große Pfanne geben und ohne zusätzliches Fett bei starker Hitze 3–5 Minuten unter Rühren anbraten, bis das Fett ausgelassen ist.

3 Den Fenchel untermischen. Die Hitze reduzieren und 5–8 Minuten weich braten.

4 Fenchelsamen und Chiliflocken zufügen und 1 Minute rühren.

5 Die Tomaten untermischen, salzen und pfeffern.

6 Die Mischung 15–20 Minuten unter gelegentlichem Rühren köcheln lassen, bis die Tomaten zerfallen sind und eine Sauce entstanden ist.

7 Inzwischen den Backofengrill vorheizen. Ein Backblech mit Öl einfetten. Die Sardellen darauflegen. Mit Salz würzen und von jeder Seite 2 Minuten grillen, bis sie durchgegart sind.

8 Die Sardellen auf ein Schneidebrett heben und in zwei Filets teilen. Die Wirbelsäule herauslösen.

9 Die Chorizo-Mischung auf acht kleine Schalen verteilen und je zwei Sardellenfilets darauf anrichten. Mit Zitronenspalten zum Beträufeln servieren.

6

6

Frittierte Sardellen

Für 4 Portionen   Vorbereitung: 25 Min.   Garzeit: 20 Min.

Zutaten

500 g frische junge Sardellen
100 g Mehl
50 g Speisestärke
½ TL Salz
200 ml kaltes Wasser
1 Ei
einige Eiswürfel
Pflanzenöl, zum Frittieren
Aioli (siehe Seite 50 oder 184), zum Servieren

Zubereitung

1 Die Sardellen abspülen und trocken tupfen. Auf Küchenpapier legen und bis zur Weiterverarbeitung beiseitestellen.

2 Mehl, Speisestärke und Salz in eine flache Form sieben.

3 Wasser, Ei und Eiswürfel in einem Messbecher verquirlen. Über das Mehl gießen und mit einem Schneebesen kurz einarbeiten, sodass ein klumpiger Teig entsteht.

4 Inzwischen reichlich Öl in einer Fritteuse oder einem großen Topf auf 180–190 °C erhitzen, sodass ein Brotwürfel darin innerhalb von 30 Sekunden braun wird.

5 Die Sardellen portionsweise erst in den Teig tauchen und dann ins heiße Fett geben.

6 Die Sardellen 1 Minute frittieren, bis der Teig knusprig, aber nicht gebräunt ist. Auf Küchenpapier abtropfen lassen und warm halten, bis alle Sardellen frittiert sind.

7 Die Sardellen sofort mit Aioli servieren.

5

6

Meeresfrüchte-Fisch-Kroketten

Ergibt: 24 Stück

Vorbereitung: 35 Min. plus Kühl- & Ziehzeit

Garzeit: 30 Min.

Zutaten

5 EL spanisches Olivenöl, plus Öl zum Frittieren

70 g Mehl

400 ml Milch

250 g Meeresfrüchte-Fisch-Mix, z. B. Kabeljau, Seehecht, Venusmuscheln, Garnelen, Lachs und Klippfisch; alle ohne Haut und ohne Gräten bzw. Schalen und sehr fein gehackt

fein abgeriebene Schale von 1 Zitrone

75 g feine, trockene weiße Semmelbrösel

1 Ei (Größe L), verquirlt mit 1 EL Wasser

Salz und Pfeffer

Zubereitung

1 Das Öl in einem Topf erhitzen. Das Mehl einstreuen und bei mittlerer Hitze 2 Minuten unter Rühren anschwitzen.

2 Den Topf vom Herd nehmen und unter ständigem Rühren nach und nach die Milch zugießen, damit keine Klümpchen entstehen. Den Topf wieder auf den Herd stellen und die Sauce unter Rühren zum Kochen bringen, bis sie glatt und eingedickt ist.

3 Meeresfrüchte-Fisch-Mix und Zitronenschale unterrühren. Salzen und pfeffern, in eine Schüssel füllen und erkalten lassen. Mit Frischhaltefolie bedecken und mindestens 4 Stunden oder über Nacht im Kühlschrank ziehen lassen.

4 Die Masse in 24 Portionen teilen und mit angefeuchteten Händen erst zu Kugeln, dann zu 5 cm langen Kroketten formen.

5 Die Semmelbrösel auf einem tiefen Teller verteilen. Die Kroketten erst im Ei wenden und dann in den Semmelbröseln wälzen, bis sie rundum überzogen sind.

6 Reichlich Öl in einer Fritteuse oder einem hohen Topf auf 180–190 °C erhitzen, sodass ein Brotwürfel darin innerhalb von 30 Sekunden braun wird. Die Kroketten portionsweise hineingeben und 2–2½ Minuten goldbraun frittieren.

7 Aus dem Fett nehmen und auf Küchenpapier abtropfen lassen. Im Backofen warm halten, bis alle Kroketten frittiert sind. Sofort servieren.

4

5

Seeteufelhappen mit Mojo verde

Für 8 Portionen

Vorbereitung: 25 Min. plus Kühlzeit

Garzeit: 15–20 Min.

Zutaten

900 g Seeteufelfilet, ohne Haut

2 EL spanisches Olivenöl

Mojo-Verde-Sauce

1 große Knoblauchzehe, gehackt

1 frische grüne Chili, entkernt und gehackt

1 grüne Paprika, gehackt

30 g frische Korianderblätter

125 ml spanisches natives Olivenöl extra

1 EL Sherry-Essig

Salz und Pfeffer

Zubereitung

1 Für die Sauce Knoblauch, Chili, Paprika und Koriander in den Mixer geben und pürieren.

2 Natives Olivenöl und Essig zufügen und alles zu einer glatten Sauce pürieren. Mit Salz und Pfeffer abschmecken. Bis zu 1 Stunde kalt stellen.

3 Falls nötig, mit einem scharfen Messer die dünne graue Membran von den Fischfilets abziehen.

4 Die Fischfilets in mundgerechte Stücke schneiden.

5 Das Olivenöl in einer großen Pfanne erhitzen. Die Fischstücke darin portionsweise bei mittlerer Hitze 3–5 Minuten unter einmaligem Wenden braten, bis sie gerade gar sind.

6 Die Fischstücke auf Küchenpapier abtropfen lassen. Dann einzeln auf Cocktailspieße stecken und auf einem Teller anrichten.

7 Sofort servieren. Die Mojo verde separat dazureichen.

5

6

Venusmuscheln in Safran-Zitronen-Sauce

Für 8 Portionen

Vorbereitung: 25 Min. plus Einweichzeit

Garzeit: 13–17 Min.

Zutaten

2 EL Zitronensaft

1 TL Honig

fein abgeriebene Schale von 1 Zitrone

1 große Prise Safranfäden, 30 Minuten in 2 TL kochendem Wasser eingeweicht

4 EL spanisches natives Olivenöl extra

1 kg frische Venusmuscheln, gesäubert

2 EL spanisches Olivenöl

1 Zwiebel, fein gehackt

2 Knoblauchzehen, fein gehackt

125 ml trockener Weißwein

Salz und Pfeffer

in Scheiben geschnittenes Stangenweißbrot, zum Servieren

Zubereitung

1 Zitronensaft, Honig und Zitronenschale in das Safranwasser rühren und mit Salz und Pfeffer würzen. Das native Olivenöl unterrühren.

2 Muscheln mit beschädigter Schale oder Exemplare, die sich beim Antippen mit einem Messer nicht schließen, wegwerfen.

3 Das Olivenöl in einem Topf erhitzen. Zwiebel und Knoblauch darin bei mittlerer Hitze 3–5 Minuten anbraten. Muscheln und Wein zugeben und bei aufgelegtem Deckel 3–5 Minuten unter gelegentlichem Topfrütteln kochen, bis sich alle Muscheln geöffnet haben. Geschlossene Muscheln wegwerfen. Den Topfinhalt in ein Sieb abgießen und den Sud auffangen.

4 Den Sud in den Topf füllen und die Safranmischung unterrühren. Aufkochen und bis auf die Hälfte reduzieren.

5 Die Muscheln in eine Servierform geben und mit der Safran-Zitronen-Sauce überziehen. Mit frischem Brot servieren.

Jakobsmuscheln-Schinken-Spieße

Für 4 Portionen

Vorbereitung: 20–25 Min. Garzeit: 5 Min. plus Marinierzeit

Zutaten

2 EL Zitronensaft

3 EL spanisches Olivenöl

2 Knoblauchzehen, fein gehackt

1 EL frisch gehackte Petersilie

12 ausgelöste Jakobsmuscheln mit Rogen

8 hauchdünne Scheiben Serrano-Schinken

Pfeffer

Zubereitung

1 Zitronensaft, Öl, Knoblauch und Petersilie zum Marinieren in einer flachen, nicht metallenen Form verrühren.

2 Bei den Jakobsmuscheln den Rogen vom Muskelfleisch abtrennen. Beides in der Marinade wenden. Mit Frischhaltefolie abgedeckt 20 Minuten bei Raumtemperatur marinieren.

3 Den Backofengrill vorheizen. Muskelfleisch und Rogen abtropfen lassen. Je 3 Stücke Muskelfleisch und Rogen und 2 klein zusammengefaltete Schinkenscheiben abwechselnd auf 4 Metallspieße stecken.

4 Die Spieße unter dem vorgeheizten Grill 5 Minuten unter häufigem Wenden grillen, bis die Muscheln gar sind und der Schinken knusprig ist.

5 Die Spieße auf vorgewärmte Servierteller geben. Mit Pfeffer bestreuen und sofort servieren.

Seeteufel-Escabeche

Für 4 Portionen

Vorbereitung: 20–25 Min.
Kühl- & Ziehzeit

Garzeit: 30–40 Min.

Zutaten

250 ml spanisches natives Olivenöl extra

1 große Zwiebel, in feine Ringe geschnitten

2 Karotten, in feine Scheiben geschnitten

4 große Knoblauchzehen, in feine Scheiben geschnitten

3 Lorbeerblätter

1–2 frische grüne Chilis, entkernt und in feine Streifen geschnitten

1 EL zerstoßene Koriandersamen

250 ml Rotwein- oder Sherry-Essig

125 ml trockener Weißwein

750 g Seeteufelfilet

Salz und Pfeffer

frisch gehackter Koriander, zum Garnieren

Zubereitung

1. 125 ml Öl in einem Topf erhitzen. Zwiebel und Karotten darin bei mittlerer Hitze 8–10 Minuten dünsten, bis sie weich sind.
2. Knoblauch, Lorbeerblätter, Chilis und Koriandersamen zugeben und 2 Minuten unter Rühren erhitzen, dann mit Salz und Pfeffer würzen.
3. Mit Essig und Wein ablöschen, zum Kochen bringen und 10 Minuten köcheln. Abgedeckt warm halten.
4. Inzwischen mit einem Messer die graue Membran von den Fischfilets abtrennen.
5. Die Fischfilets in mundgerechte Würfel schneiden.
6. Die Fischwürfel in dem restlichen Öl portionsweise bei mittlerer Hitze 3–5 Minuten gar braten.
7. Die Fischstücke auf Küchenpapier kurz abtropfen, dann in eine nicht metallene Form geben.
8. Gemüsemischung und Öl aus der Pfanne über den Fisch gießen. Erkalten lassen. Abgedeckt zwischen 36 Stunden und 5 Tagen im Kühlschrank ziehen lassen.
9. Die Escabeche mit Koriander bestreuen und gekühlt oder zimmerwarm servieren.

1

6

8

Calamares mit Garnelen & dicken Bohnen

Für 4–6 Portionen | Vorbereitung: 20–25 Min. | Garzeit: 16–23 Min.

Zutaten

2 EL spanisches Olivenöl

4 Frühlingszwiebeln, in dünne Scheiben geschnitten

2 Knoblauchzehen, fein gehackt

500 g Tintenfischtuben, in dicke Ringe geschnitten

100 ml trockener Weißwein

600 g frische junge dicke Bohnen, gepalt, oder 225 g Tiefkühlware aufgetaut

250 g große rohe Garnelen, ausgelöst und Darmfäden entfernt

4 EL frisch gehackte glatte Petersilie

Salz und Pfeffer

knusprig frisches Brot, zum Servieren

Zubereitung

1 Das Öl in einer Pfanne mit Deckel erhitzen und die Frühlingszwiebeln darin unter gelegentlichem Rühren bei mittlerer Hitze 4–5 Minuten dünsten, bis sie weich sind. Den Knoblauch zugeben und unter Rühren 30 Sekunden andünsten. Den Tintenfisch zufügen und unter gelegentlichem Rühren bei starker Hitze 2 Minuten goldbraun anbraten.

2 Den Wein einrühren und aufkochen. Die Bohnen zugeben, die Hitze reduzieren und abgedeckt 5–8 Minuten (frische Bohnen) bzw. 4–5 Minuten (tiefgefrorene Bohnen) köcheln lassen, bis sie gar sind.

3 Die Garnelen zu den Bohnen geben, erneut abdecken und weitere 2–3 Minuten köcheln lassen, bis sie gar sind. Die Petersilie einrühren und alles mit Salz und Pfeffer abschmecken. Sofort mit frischem Brot servieren.

Thunfischsteaks mit Oliven

Für 4 Portionen

Vorbereitung: 25 Min. plus Marinierzeit

Garzeit: 10–18 Min.

Zutaten

2 Thunfischsteaks (à 250 g), etwa 2,5 cm dick

5 EL spanisches natives Olivenöl extra

3 EL Rotweinessig

1 Bund frischer Thymian

1 Lorbeerblatt

2 EL Mehl

1 Zwiebel, fein gehackt

2 Knoblauchzehen, fein gehackt

80 g mit Paprika gefüllte grüne Oliven, halbiert

Salz und Pfeffer

Zubereitung

1 Die Thunfischsteaks waagerecht halbieren.

2 Die Thunfischscheiben gegen die Faser in 1 cm breite Streifen schneiden.

3 3 Esslöffel Öl und den Essig in eine flache, nicht metallene Form geben. Von der Hälfte der Thymianzweige die Blättchen abzupfen und mit dem Lorbeerblatt in die Marinade geben. Salzen und pfeffern.

4 Die Thunfischstreifen in der Marinade wenden und im Kühlschrank 8 Stunden oder über Nacht marinieren.

5 Das Mehl in einen Gefrierbeutel geben. Die Thunfischstreifen aus der Marinade nehmen und im Mehl wenden, bis sie dünn damit überzogen sind. Die Marinade aufbewahren.

6 Das restliche Öl in einer großen Pfanne erhitzen. Zwiebel und Knoblauch darin bei geringer Hitze 5–10 Minuten weich und goldbraun dünsten.

7 Die Thunfischstreifen zufügen und 2–5 Minuten unter mehrmaligem Wenden anbraten.

8 Marinade und Oliven zufügen und alles zum Kochen bringen. Den Fisch weitere 1–2 Minuten unter Rühren braten, bis er gar und die Sauce eingedickt ist.

9 Mit dem restlichen Thymian garnieren und sofort servieren.

3

4

8

Thunfisch mit weißen Bohnen & Artischocken

Für 6 Portionen

Vorbereitung: 25 Min. plus Marinier- & Ziehzeit

Garzeit: 55 Min.

Zutaten

- 150 ml natives Olivenöl extra
- Saft von 1 Zitrone
- ½ TL getrocknete Chiliflocken
- ¼ TL grob gemahlener schwarzer Pfeffer
- 4 Thunfischsteaks (à 120 g)
- 225 g getrocknete Cannellini-Bohnen, über Nacht eingeweicht
- 1 Schalotte, fein gehackt
- 1 Knoblauchzehe, zerdrückt
- 2 TL fein gehackter frischer Rosmarin
- 2 EL frisch gehackte glatte Petersilie
- 4 eingelegte Artischockenherzen, geviertelt
- 4 Rispentomaten, geachtelt
- 16 schwarze Oliven, entsteint
- Salz und Pfeffer
- Zitronenspalten, zum Servieren

Zubereitung

1. 4 Esslöffel des Olivenöls mit 3 Esslöffeln Zitronensaft, Chiliflocken und schwarzem Pfeffer in einer flachen Schüssel mischen. Die Fischsteaks gut darin wenden und bei Zimmertemperatur 1 Stunde marinieren; dabei mehrmals wenden.
2. In der Zwischenzeit die Bohnen abgießen und in einem Topf mit reichlich frischem Wasser bedecken. Zum Kochen bringen und 15 Minuten köcheln lassen. Die Hitze reduzieren und weitere 30 Minuten köcheln, bis die Bohnen gar, aber nicht zu weich sind. 5 Minuten vor Ende der Garzeit mit Salz würzen.
3. Die Bohnen abgießen, abtropfen lassen und in eine Schüssel geben. Die warmen Bohnen mit 5 Esslöffeln des Olivenöls beträufeln und gut vermengen, dann Schalotte, Knoblauch, Rosmarin, Petersilie und den restlichen Zitronensaft unterrühren. Mit Salz und Pfeffer abschmecken und mindestens 30 Minuten ruhen lassen.
4. Das restliche Öl in einer Pfanne erhitzen, den Thunfisch samt Marinade hineingeben und 1–2 Minuten von jeder Seite scharf anbraten. Den Thunfisch aus der Pfanne auf einen Teller heben und etwas abkühlen lassen.
5. Die Bohnen auf Servierteller verteilen und mit den Artischocken, Tomaten sowie Oliven mischen. Mit Salz und Pfeffer abschmecken. Den Thunfisch mit einer Gabel in Stücke zerteilen und auf dem Salat anrichten. Mit Zitronenspalten garnieren und sofort servieren.

Austern mit Sherry-Essig

Für 6 Portionen

Vorbereitung: 25–30 Min. plus Ruhezeit

Garzeit: keine

Zutaten

1 Schalotte, fein gehackt

3 EL Sherry-Essig

3 EL Rotweinessig

1 EL Zucker

Pfeffer

24 frische Austern

grobes Meersalz oder zerstoßenes Eis, zum Servieren (nach Belieben)

Zubereitung

1 Schalotte, Sherry-Essig, Rotweinessig und Zucker in einer nicht metallenen Schüssel mischen und gut mit Pfeffer würzen. Mit Frischhaltefolie abdecken und mindestens 15 Minuten bei Zimmertemperatur ruhen lassen, damit sich die Aromen entfalten.

2 Unterdessen die Austern aufbrechen. Dabei zum Schutz ein Küchentuch um die Hand wickeln und eine Auster mit der gewölbten Seite nach unten hineinlegen. Einen Austernbrecher oder ein kurzes, kräftiges Messer zwischen die Schalen schieben und mit einer kräftigen Drehbewegung öffnen. Die Muschel weiter festhalten und den Schließmuskel entlang der oberen Schale mit dem Messer durchtrennen. Die obere Schale vorsichtig abnehmen, um nichts von der Flüssigkeit im Inneren zu verschütten. Nun mit dem Messer entlang der unteren Schale unter der Auster den zweiten Schließmuskel durchtrennen. Die Austern in je eine Schalenhälfte legen und nach Belieben auf ein Bett aus Meersalz oder zerstoßenem Eis setzen.

3 Gleichmäßig mit dem Dressing beträufeln und servieren.

Gebratener Kalmar mit goldbraunen Kartoffeln

Für 8 Portionen | Vorbereitung: 20 Min. | Garzeit: 50 Min.

Zutaten

1 kg neue Kartoffeln

4–6 EL spanisches Olivenöl

1 große Zwiebel, in dünne Ringe geschnitten

2 Knoblauchzehen, fein gehackt

1 kg küchenfertige Kalmartuben, in dünne Ringe geschnitten

6 EL trockener Weißwein

1 kleines Bund glatte Petersilie, fein gehackt

Salz und Pfeffer

Zitronenspalten, zum Servieren

Zubereitung

1 Die Kartoffeln in einem Topf mit leicht gesalzenem Wasser zum Kochen bringen. Die Temperatur reduzieren und 20 Minuten köcheln lassen, bis sie gar sind. Gut abtropfen lassen.

2 4 Esslöffel Öl in einem großen Bräter erhitzen. Die Kartoffeln zugeben und bei mittlerer Temperatur unter gelegentlichem Rühren 10 Minuten braten, bis sie braun werden. Die Zwiebel zufügen und unter gelegentlichem Rühren 10 Minuten mitbraten, bis sie goldbraun ist. Den Knoblauch zugeben und unter gelegentlichem Rühren 30 Sekunden mitgaren. Alle Zutaten auf eine Seite des Bräters schieben.

3 Falls nötig, das restliche Öl in den Bräter geben. Die Kalmarringe zugeben und bei hoher Temperatur unter gelegentlichem Rühren 2 Minuten braten. Etwas Petersilie zum Garnieren beiseitelegen, die restliche Petersilie in die Pfanne geben. Kartoffeln, Zwiebeln und Knoblauch mit den Kalmarringen mischen. Mit Salz und Pfeffer würzen.

4 Mit Petersilie bestreuen und direkt aus dem Bräter servieren. Zitronenspalten zum Beträufeln dazureichen.

Paprikastreifen mit Thunfischfüllung

Für 6 Portionen

Vorbereitung: 30–35 Min. plus Kühlzeit

Garzeit: 40 Min.

Zutaten

6 gemischtfarbige Paprika (rot, gelb, grün und orange)

2 EL spanisches Olivenöl

200 g Thunfisch in Olivenöl aus der Dose, abgetropft

100 g Frischkäse

4 EL frisch gehackte glatte Petersilie

1 Knoblauchzehe, zerdrückt

Salz und Pfeffer

Zubereitung

1 Den Backofen auf 200 °C vorheizen. Die Paprika mit dem Öl einpinseln und in einen Bräter legen. Im vorgeheizten Backofen 30 Minuten rösten, dann wenden und weitere 10 Minuten rösten, bis die Haut Blasen wirft und schwarz wird.

2 In einen Gefrierbeutel legen und etwa 15 Minuten abkühlen lassen.

3 Inzwischen den Thunfisch auf Küchenpapier legen, um das Öl aufzusaugen. Den Fisch mit Frischkäse, Petersilie und Knoblauch im Mixer glatt pürieren. Mit Salz und Pfeffer abschmecken. Mit einem spitzen Messer oder mit den Fingern vorsichtig die Haut von den Paprika abziehen. Die Paprika vierteln, dann die Stiele und das Innere mit den Kernen entfernen.

4 Auf das spitze Ende jedes Paprikaviertels einen gehäuften Esslöffel der Thunfischmasse setzen und aufrollen. Falls nötig, herausgequollene Füllung mit Küchenpapier abwischen. Die Röllchen in eine flache Schale setzen, die Füllung zeigt nach oben. Abdecken und vor dem Servieren mindestens 2 Stunden in den Kühlschrank stellen, damit die Füllung fest wird.

Sardellenfilets mit Sellerie & Rucola

Für 4 Portionen

Vorbereitung: 20 Min. plus Einweichzeit

Garzeit: keine

Zutaten

2 Selleriestangen, geputzt und Fäden entfernt

4 Handvoll Rucola

12–16 Sardellenfilets in Lake, längs halbiert

1½ EL natives Olivenöl extra

Salz und Pfeffer

Zitronenspalten, zum Servieren

Zubereitung

1 Die Selleriestangen längs vierteln und in 7,5 cm große Stücke schneiden. 30 Minuten in eiskaltes Wasser legen, bis die Selleriestücke knackig und leicht gekräuselt sind, dann abgießen und abtropfen lassen.

2 Je 1 Handvoll Rucola in eine Servierschale geben. Selleriestücke und Sardellenfilets darauf anrichten und mit dem Olivenöl beträufeln. Mit Salz und Pfeffer würzen, dabei bedenken, dass die Sardellen bereits recht salzig sind. Mit den Zitronenspalten servieren.

Safrangarnelen mit Zitronenmayonnaise

Für 6–8 Portionen

Vorbereitung: 40–45 Min. plus Kühl- & Ruhezeit

Garzeit: 18–22 Min.

Zutaten

1,25 kg rohe Riesengarnelen
80 g Mehl
125 ml helles Bier
2 EL spanisches Olivenöl
1 Prise Safranpulver
2 Eiweiß
Pflanzenöl, zum Frittieren

Zitronenmayonnaise

4 Knoblauchzehen
2 Eigelb
1 EL Zitronensaft
1 EL fein abgeriebene Zitronenschale
300 ml Sonnenblumenöl
Meersalz und Pfeffer

Zubereitung

1. Zuerst die Mayonnaise zubereiten. Die Knoblauchzehen auf ein Schneidebrett legen und mit etwas Meersalz bestreuen, dann mit der Klinge eines großen Messers flach drücken. Fein hacken und nochmals flach drücken.
2. Den Knoblauch mit Eigelb, Zitronensaft und Zitronenschale in einen Mixer geben und kurz durchmixen. Bei laufendem Motor langsam das Sonnenblumenöl in dünnem Strahl zugießen und einarbeiten. Die Mayonnaise mit Salz und Pfeffer abschmecken, in eine Servierschüssel umfüllen und bis zum Servieren abgedeckt in den Kühlschrank stellen.
3. Die Garnelenköpfe abdrehen und die Garnelen auslösen, dabei die Schwanzspitzen intakt lassen. Am Rücken in Längsrichtung aufschneiden und den schwarzen Darmfaden entfernen. Mit kaltem Wasser abspülen und mit Küchenpapier abtrocknen.
4. Das Mehl in eine Schüssel sieben. Bier, Öl und Safran in einem Messbecher verrühren und die Mischung langsam in das Mehl einrühren. Den Teig abgedeckt bei Zimmertemperatur 30 Minuten ruhen lassen.
5. Das Eiweiß in einer sauberen, fettfreien Schüssel steif schlagen. Den Eischnee vorsichtig unter den Teig heben.

6 Das Pflanzenöl in einer Fritteuse oder einem großen Topf auf 180–190 °C erhitzen, sodass ein Brotwürfel darin innerhalb von 30 Sekunden braun wird. Die Garnelen an der Schwanzflosse anfassen, in den Teig tauchen und kurz abtropfen lassen. Im heißen Öl 2–3 Minuten knusprig frittieren. Mit einem Schaumlöffel herausnehmen und auf Küchenpapier abtropfen lassen. Sofort mit der Zitronenmayonnaise servieren.

Garnelen-Fisch-Spieße mit Chili-Limetten-Glasur

Ergibt: 8 Stück

Vorbereitung: 35 Min. plus Marinierzeit

Garzeit: 6–8 Min.

Zutaten

16 große rohe Garnelen

350 g Seeteufel- oder Seehechtfilet

350 g Lachsfilet, ohne Haut

2,5-cm-Stück frische Ingwerwurzel

4 EL milde Chilisauce

abgeriebene Schale und Saft von 1 Limette

Sonnenblumenöl oder spanisches Olivenöl, zum Einfetten (bei Bedarf)

Limettenspalten, zum Servieren

Zubereitung

1 Die Köpfe von den Garnelen abdrehen. Mit den Fingern die Schalen entfernen, die Schwanzspitzen aber intakt lassen. Die Garnelen am Rücken mit einem spitzen Messer in Längsrichtung einschneiden und den schwarzen Darmfaden entfernen. Die Garnelen mit kaltem Wasser abspülen und mit Küchenpapier trocken tupfen. Beide Sorten Fischfilet in 2,5 cm große Würfel schneiden.

2 Ein Sieb über eine große Schüssel setzen und den Ingwer hineinreiben, um den Saft aufzufangen. Den geriebenen Ingwer im Sieb gründlich ausdrücken, dann die Fasern wegwerfen.

3 Chilisauce sowie Limettenschale und -saft zum Ingwersaft geben und verrühren. Die vorbereiteten Garnelen und Fischstücke in die Marinade geben und umrühren. Abgedeckt 30 Minuten in den Kühlschrank stellen.

4 Inzwischen 8 Holzstäbchen 30 Minuten in kaltes Wasser legen, damit sie beim Grillen nicht verbrennen und der Fisch nicht an ihnen festklebt. Falls Metallspieße verwendet werden, müssen diese dünn eingeölt werden.

5 Den Backofengrill auf hoher Stufe vorheizen und ein Blech mit Alufolie belegen. Den Fisch aus der Marinade nehmen, die Marinade aufbewahren. Fisch und Garnelen gleichmäßig verteilt aufspießen, zwischen den Stücken jeweils etwas Platz lassen. Auf das vorbereitete Blech legen.

6 Die Spieße unter dem heißen Grill etwa 6–8 Minuten garen. Zwischendurch einmal wenden und mit der aufbewahrten Marinade bestreichen. Mit dem Garsud vom Blech übergießen und heiß servieren. Limettenspalten zum Beträufeln dazureichen.

Seeteufel & Speck auf Rosmarinspießen

Für 12 Portionen

Vorbereitung: 30–35 Min. plus Marinierzeit

Garzeit: 10 Min.

Zutaten

350 g Seeteufel, Schwanzstück, oder 250 g Seeteufelfilet

12 frische Rosmarinzweige

3 EL spanisches Olivenöl

Saft von ½ Zitrone

1 Knoblauchzehe, zerdrückt

6 dicke Scheiben Frühstücksspeck

Salz und Pfeffer

Aioli (siehe Seite 50 oder 184), zum Servieren

Zubereitung

1 Bei einem Schwanzstück mit einem scharfen Messer auf jeder Seite der Wirbelsäule entlangschneiden und die beiden Filets abtrennen. Die Filets längs halbieren, dann jedes Stück in 12 mundgerechte Bissen schneiden, sodass sich 24 Stücke ergeben. Die Stücke in eine große Schüssel legen.

2 Für die Spieße die Rosmarinblätter von den Zweigen streifen, dabei jeweils einige Blätter an den Spitzen belassen. Für die Marinade die abgestreiften Rosmarinblätter fein hacken und mit Olivenöl, Zitronensaft und Knoblauch verrühren, dann mit Salz und Pfeffer würzen. Die Seeteufelstücke in der Marinade wenden, bis sie gut überzogen sind. Abdecken und im Kühlschrank 1–2 Stunden marinieren.

3 Die Speckscheiben erst längs, dann quer halbieren und jedes Stück aufrollen. Auf die Rosmarinzweige im Wechsel 2 Fischstücke und 2 Speckrollen stecken.

4 Den Backofengrill, die Grillpfanne oder einen Holzkohlengrill vorheizen. Werden die Spieße unter einem Grill gegart, darauf achten, dass die Rosmarinblätter nicht verbrennen. Die Spieße etwa 10 Minuten grillen, dabei von Zeit zu Zeit wenden und mit der restlichen Marinade bestreichen. Aioli zum Dippen dazureichen.

Sardinen mit Romesco-Sauce

Für 6 Portionen

Vorbereitung: 45–50 Min. plus Kühlzeit

Garzeit: 55 Min.– 1 Std. 5 Min.

Zutaten

24 frische Sardinen, ausgenommen und Köpfe entfernt

120 g Mehl

4 Eier, leicht verquirlt

250 g frische Semmelbrösel

6 EL frisch gehackte Petersilie

4 EL frisch gehackter Majoran

Pflanzenöl, zum Frittieren

Romesco-Sauce

1 rote Paprika, halbiert

2 Tomaten, halbiert

4 Knoblauchzehen

125 ml spanisches Olivenöl

1 Scheibe Weißbrot, gewürfelt

4 EL abgezogene Mandeln

2 Schalotten, gehackt

1 frische rote Chili, entkernt und gehackt

1 TL Paprikapulver

2 EL Rotweinessig

2 TL Zucker

1 EL Wasser

Zubereitung

1 Für die Sauce den Backofen auf 220 °C vorheizen. Paprika, Tomaten und Knoblauch in eine Auflaufform legen und mit 1 Esslöffel Olivenöl beträufeln. 20–25 Minuten rösten. Das Gemüse abkühlen lassen und häuten bzw. schälen. Das Fruchtfleisch in einen Mixer geben.

2 1 Esslöffel Olivenöl in einer Pfanne erhitzen. Brotwürfel und Mandeln darin bei schwacher Hitze einige Minuten goldbraun rösten. Aus der Pfanne nehmen und abtropfen lassen. Die Schalotten mit Chili und Paprika 5 Minuten in der Pfanne glasig dünsten.

3 Mandel- und Schalottenmischung in den Mixer geben. Essig, Zucker und Wasser zufügen und zu einer Paste verarbeiten. Bei laufendem Gerät langsam das restliche Olivenöl zugießen. In eine Schüssel geben und abgedeckt beiseitestellen.

4 Die Sardinen mit der Haut nach oben auf ein Brett legen und mit den Daumen am Rückgrat entlangstreichen. Umdrehen und die Gräten entfernen. Mehl und Eier in getrennte Schüsseln geben. Semmelbrösel und Kräuter in einer dritten Schüssel mischen. Die Sardinen im Mehl wenden, in die Eimischung tauchen und in den Semmelbröseln wälzen.

5 Reichlich Pflanzenöl in einem Topf auf 180–190 °C erhitzen, sodass ein Brotwürfel darin innerhalb von 30 Sekunden braun wird. Die Sardinen portionsweise 4–5 Minuten goldbraun frittieren. Abtropfen lassen und mit der Sauce servieren.

Kabeljau-Kapern-Kroketten

Ergibt: 12 Stück

Vorbereitung: 35–40 Min. plus Kühlzeit

Garzeit: 40–45 Min.

Zutaten

350 g Kabeljau-, Schellfisch- oder Seeteufelfilet

300 ml Milch

4 EL Olivenöl oder 50 g Butter

50 g Mehl

4 EL Kapern, grob gehackt

1 TL Paprikapulver

1 Knoblauchzehe, zerdrückt

1 TL Zitronensaft

3 EL frisch gehackte glatte Petersilie, plus etwas mehr, zum Garnieren

1 Ei, verquirlt

50 g frische Semmelbrösel

1 EL Sesamsaat

Sonnenblumenöl, zum Frittieren

Salz und Pfeffer

Zitronenspalten, zum Garnieren

Mayonnaise, zum Servieren

Zubereitung

1 Das Fischfilet in eine Pfanne geben. Die Milch zugießen und mit Salz und Pfeffer würzen. Aufkochen, die Hitze reduzieren und abgedeckt 10 Minuten gar köcheln lassen. Das Filet aus der Pfanne heben. Die Milch in einen Krug füllen und beiseitestellen. Das Filet in kleine Stücke zupfen, eventuelle Gräten entfernen.

2 Das Olivenöl erhitzen. Das Mehl einrühren und unter Rühren kurz anschwitzen. Vom Herd nehmen und nach und nach die Milch einrühren. Wieder auf den Herd stellen und unter Rühren aufkochen und andicken.

3 Vom Herd nehmen, den Fisch zugeben und gut einarbeiten. Kapern, Paprikapulver, Knoblauch, Zitronensaft und Petersilie unterheben. Mit Salz und Pfeffer würzen. Die Masse in eine Auflaufform streichen und abkühlen lassen. Abgedeckt mindestens 2–3 Stunden kalt stellen.

4 Das Ei in einen tiefen Teller geben. Semmelbrösel und Sesam in einem zweiten Teller mischen. Die Fischmasse in 12 Portionen teilen und zu etwa 7,5 cm langen Rollen formen. Die Kroketten einzeln in das Ei tauchen und in der Bröselmischung wälzen. Auf einen Teller legen und 1 Stunde kalt stellen.

5 Reichlich Öl in einer Fritteuse auf 180–190 °C erhitzen, sodass ein Brotwürfel darin innerhalb von 30 Sekunden braun wird. Die Kroketten portionsweise im heißen Öl 3 Minuten knusprig und goldbraun frittieren. Auf Küchenpapier abtropfen lassen. Heiß mit Zitronenspalten und Petersilie garniert servieren. Dazu Mayonnaise reichen.

Marinierte Sardinenfilets mit Oregano & Fenchel

Für 6 Portionen

Vorbereitung: 30 Min. plus Kühl- & Marinierzeit

Garzeit: 20–25 Min.

Zutaten

8 frische große Sardinen, ausgenommen und geschuppt

6 EL natives Olivenöl extra

1 EL Weißweinessig

1 EL getrockneter Oregano

2 Knoblauchzehen, zerdrückt

1 TL zerstoßene schwarze Pfefferkörner

½ TL Meersalz

¼ TL getrocknete Chiliflocken

½ rote Zwiebel, in dünne Ringe geschnitten

1 Fenchelknolle, geviertelt und in dünne Scheiben geschnitten

4 Tomaten, entkernt und in dünne Streifen geschnitten

2 EL frisch zerzupftes Basilikum

Zubereitung

1 Den Backofen auf 180 °C vorheizen. Die Sardinen in eine Auflaufform legen. Öl, Essig, Oregano, Knoblauch, Pfeffer, Meersalz und Chiliflocken in einer kleinen Schüssel verquirlen und über die Sardinen gießen. Etwa 20–25 Minuten im Ofen backen, bis das Fischfleisch an den Gräten nicht mehr durchsichtig ist.

2 Die Sardinen aus dem Ofen nehmen und in der Form abkühlen lassen. Mit den roten Zwiebelringen bestreuen, mit Frischhaltefolie abdecken und bis zu 3 Tage im Kühlschrank marinieren. 2 Stunden vor dem Servieren aus dem Kühlschrank nehmen.

3 Die Sardinen auf eine Servierplatte legen. Fenchel und Tomaten darüber verteilen und die Fische mit der Marinade aus der Form beträufeln. Mit dem Basilikum bestreuen und servieren.

Paprika mit Krebsfleischfüllung

Für 4–6 Portionen

Vorbereitung: 30 Min. plus Kühlzeit

Garzeit: 40 Min.

Zutaten

1 rote Paprika

1 TL spanisches Olivenöl

250 g Krebsfleisch aus der Dose, abgetropft und ausgedrückt

1½ EL Zitronensaft, oder nach Geschmack

200 g Frischkäse

16 Pimientos del Piquillo, abgetropft

Salz und Pfeffer

frisch gehackte Petersilie, zum Garnieren

Zubereitung

1 Den Backofen auf 200 °C vorheizen. Die Paprika mit dem Öl bestreichen und in eine Bratform legen.

2 Die Paprika im vorgeheizten Ofen 30 Minuten braten. Dann wenden und nochmals 10 Minuten garen, bis die Haut schwarz ist und Blasen wirft.

3 Mit einem Schaumlöffel in einen sauberen Plastikbeutel geben, verschließen und etwa 15 Minuten abkühlen lassen.

4 Die Paprika häuten, entkernen und das Fruchtfleisch klein würfeln.

5 Die Hälfte des Krebsfleisches mit Paprikawürfeln, Zitronensaft sowie etwas Salz und Pfeffer in den Mixer geben und pürieren. Dann die Masse in eine Schüssel füllen.

6 Frischkäse und restliches Krebsfleisch unterrühren. Dann mit Salz und Pfeffer und, bei Bedarf, weiterem Zitronensaft abschmecken.

7 Die Pimientos mit Küchenpapier trocken tupfen und eventuell noch verbliebene Kerne entfernen.

8 Die Pimientos mithilfe eines Teelöffels mit der Krebsfleischmasse füllen.

9 Auf einem Servierteller anrichten, mit Petersilie bestreuen und servieren.

Meeresfrüchtesalat

Für 4–6 Portionen

Vorbereitung: 15–20 Min. plus Marinierzeit

Garzeit: keine

Zutaten

2 Knoblauchzehen, zerdrückt

Saft von 1½ Zitronen

4 EL natives Olivenöl extra

2 EL frisch gehackte glatte Petersilie

600 g gegarter Meeresfrüchte-Mix, z. B. Garnelen, Tintenfischringe, Mies-, Venus- und Herzmuscheln

1 eingelegte geröstete rote Paprika, in dünne Streifen geschnitten

12 schwarze Oliven, entsteint

2 EL frisch gehacktes Basilikum

Salz und Pfeffer

Zubereitung

1. Knoblauch, Zitronensaft, Olivenöl, Petersilie, Salz und Pfeffer in einer Schüssel verquirlen.
2. Die Meeresfrüchte bei Bedarf abtropfen lassen und in eine Servierschüssel geben. Paprika und Oliven unterrühren, dann die Knoblauchmischung unterheben. Die Schüssel abdecken und die Meeresfrüchte 30 Minuten im Kühlschrank marinieren.
3. Vor dem Servieren noch einmal gut vermengen, mit Salz und Pfeffer abschmecken und mit dem Basilikum bestreuen.

Gebackene Jakobsmuscheln

Für 6 Portionen   Vorbereitung: 15–20 Min.   Garzeit: 15–20 Min.

Zutaten

700 g ausgelöste Jakobsmuscheln, gehackt
2 Zwiebeln, fein gehackt
2 Knoblauchzehen, fein gehackt
3 EL frisch gehackte Petersilie
1 Prise frisch geriebene Muskatnuss
1 Prise gemahlene Gewürznelke
2 EL frische helle Semmelbrösel
2 EL natives Olivenöl extra
Salz und Pfeffer

Zubereitung

1 Den Backofen auf 200 °C vorheizen. Jakobsmuscheln, Zwiebeln, Knoblauch, 2 Esslöffel Petersilie, Muskat, Nelke, Salz und Pfeffer in einer Schüssel vermischen.

2 Die Mischung auf 6 gesäuberte Jakobsmuschelschalen oder ofenfeste Schälchen verteilen. Mit Semmelbröseln und restlicher Petersilie bestreuen und mit dem Olivenöl beträufeln.

3 Etwa 15–20 Minuten im Ofen goldgelb backen. Aus dem Ofen nehmen und sofort servieren.

Katalanischer Fischeintopf

Für 4 Portionen | Vorbereitung: 25 Min. | Garzeit: 35–45 Min.

Zutaten

- einige Safranfäden
- 6 EL Olivenöl
- 1 große Zwiebel, gehackt
- 2 Knoblauchzehen, fein gehackt
- 1½ EL frisch gehackte Thymianblätter
- 2 Lorbeerblätter
- 2 rote Paprika, grob gehackt
- 800 g gehackte Tomaten aus der Dose
- 1 TL geräuchertes Paprikapulver edelsüß
- 250 ml Fischfond
- 150 g abgezogene Mandeln, geröstet und fein gemahlen
- 12–16 frische Miesmuscheln
- 12–16 frische Venusmuscheln
- 600 g dicke Seehecht- oder Kabeljaufilets, ohne Haut, in 5 cm große Stücke geschnitten
- 12–16 rohe Garnelen, ausgelöst und Darmfäden entfernt
- Salz und Pfeffer
- knusprig frisches Brot, zum Servieren

Zubereitung

1. Die Safranfäden in eine ofenfeste Schüssel geben und mit 4 Esslöffeln kochendem Wasser begießen. Beiseitestellen und ziehen lassen.
2. Das Öl in einer großen, gusseisernen Kasserolle auf mittlerer Stufe erhitzen. Die Hitze reduzieren und die Zwiebel darin 10 Minuten goldbraun braten. Knoblauch, Thymian, Lorbeerblätter und rote Paprika unter Rühren 5 Minuten braten, bis Paprika und Zwiebel weich sind. Tomaten und Paprikapulver zugeben und unter häufigem Rühren 5 Minuten köcheln lassen.
3. Fischfond, Safranwasser und gemahlene Mandeln zufügen und unter Rühren aufkochen. Die Hitze reduzieren und 5–10 Minuten köcheln lassen. Mit Salz und Pfeffer abschmecken.
4. In der Zwischenzeit die Muscheln vorbereiten: Von den Miesmuscheln die Bärte entfernen und alle Muscheln gut abschrubben. Alle beschädigten oder geöffneten Exemplare, die sich beim Antippen mit einem Messer nicht schließen, wegwerfen.

5 Die Fischfiletstücke vorsichtig in die Sauce rühren. Garnelen und Muscheln zugeben. Abdecken und alles auf ganz niedriger Stufe etwa 5 Minuten köcheln lassen, bis der Fisch gar ist, die Garnelen sich rosa färben und die Muscheln geöffnet sind. Muscheln, die sich nicht geöffnet haben, wegwerfen. Sofort mit knusprigem Brot servieren.

Gefüllter Tintenfisch

Für 4 Portionen

Vorbereitung: 35–40 Min. plus Einweich- & Kühlzeit

Garzeit: 45 Min.

Zutaten

8 sonnengetrocknete Tomaten

8 kleine küchenfertige Tintenfische (Tuben etwa 13 cm lang)

80 g Semmelbrösel

2 EL abgespülte und fein gehackte Kapern

2 EL frisch gehackte glatte Petersilie

1 Eiweiß

Olivenöl, zum Bestreichen und Beträufeln

3 EL trockener Weißwein

Salz und Pfeffer

Zitronenspalten, zum Servieren

Zubereitung

1 Die Tomaten in eine Schüssel geben, mit kochendem Wasser bedecken und 15–20 Minuten einweichen. Unterdessen die Tentakeln der Tintenfische abschneiden, fein hacken und in eine andere Schüssel geben. Semmelbrösel, Kapern und Petersilie zufügen.

2 Die Tomaten abgießen und mit Küchenpapier trocken tupfen. Fein hacken und zur Semmelbröselmischung geben. Gründlich vermengen und mit Salz und Pfeffer würzen. Das Eiweiß unterrühren. Die Mischung in die Tintenfischtuben füllen und gut hineindrücken. Nur bis zu drei Vierteln füllen, damit die Tuben während des Garens nicht aufplatzen. Die Öffnungen mit kleinen Holzspießen verschließen.

3 Den Backofen auf 160 °C vorheizen. Eine große Auflaufform großzügig mit Öl einfetten. Die Tintenfische hineinlegen und mit dem Wein beträufeln. Mit Alufolie abdecken und 45 Minuten im Ofen garen, dabei gelegentlich wenden und mit Sud bestreichen. Mit einer Gabel testen, ob der Tintenfisch gar und zart ist.

4 Aus dem Ofen nehmen und zum Abkühlen beiseitestellen. Zum Servieren die Spieße entfernen und die Tuben in Scheiben schneiden. Auf vorgewärmte Portionsteller geben, mit Olivenöl und abgekühltem Sud beträufeln und mit Zitronenspalten servieren.

Schwertfisch mit Tomate

Für 4 Portionen

Vorbereitung: 15–20 Min.

Garzeit: 45 Min.

Zutaten

2 EL Olivenöl

1 Zwiebel, fein gehackt

1 Selleriestange, fein gehackt

120 g grüne Oliven, entsteint

500 g Tomaten, gehackt

3 EL abgetropfte eingelegte Kapern

4 Schwertfischsteaks (à 150 g)

Salz und Pfeffer

frische glatte Petersilie, zum Garnieren

Zubereitung

1 Das Öl in einer großen, schweren Pfanne erhitzen. Zwiebel und Sellerie darin bei geringer Hitze unter gelegentlichem Rühren 5 Minuten glasig dünsten.

2 Unterdessen die Hälfte der Oliven grob hacken. Gehackte und ganze Oliven sowie Tomaten und Kapern in die Pfanne geben. Mit Salz und Pfeffer würzen.

3 Zum Kochen bringen, die Hitze reduzieren und abgedeckt 15 Minuten unter gelegentlichem Rühren sanft köcheln lassen.

4 Die Schwertfischsteaks in die Pfanne geben und erneut zum Kochen bringen. Abgedeckt 20 Minuten köcheln lassen, bis der Fisch gar ist und sich leicht zerteilen lässt. Während der Garzeit einmal wenden. Den Fisch auf Teller verteilen und etwas Sauce darübergießen. Mit frischer Petersilie garnieren und sofort servieren.

Muscheln mit Paprika

Für 8 Portionen | Vorbereitung: 25 Min. | Garzeit: 15–20 Min.

Zutaten

1 kg frische Miesmuscheln, abgebürstet und Bärte entfernt

4 EL spanisches Olivenöl

1 großer Fenchel, sehr fein gehackt

4 große Knoblauchzehen, fein gehackt

1 EL Tomatenmark

2 TL geräuchertes Paprikapulver

250 ml trockener Weißwein

Salz und Pfeffer

knusprig frisches Bauernbrot, zum Servieren

Zubereitung

1 Muscheln mit beschädigter Schale oder Exemplare, die sich beim Antippen mit einem Messer nicht schließen, wegwerfen.

2 Das Öl in einem großen Topf erhitzen und den Fenchel darin bei mittlerer Hitze 3–5 Minuten weich dünsten.

3 Knoblauch, Tomatenmark und Paprikapulver unterrühren. Die Hitze reduzieren und 1 Minute rühren. Mit dem Wein ablöschen und unter Rühren kochen, bis der Sud auf die Hälfte eingekocht ist.

4 Die Hitze reduzieren, die Muscheln zufügen und bei geschlossenem Deckel 3–5 Minuten kochen, dann salzen und pfeffern. Muscheln, die sich nicht geöffnet haben, wegwerfen.

5 Die oberen Schalenhälften entfernen und die Muscheln in eine Servierform geben. Mit dem Sud übergießen und mit frischem Brot servieren.

Variation

Experimentieren Sie mit scharfen Gewürzen wie Cayennepfeffer oder Chilipulver. Für ein ganz anderes Aroma verwenden Sie einmal Senf, Knoblauchpulver oder gemahlenen Ingwer.

GEMÜSE, KÄSE & EIER

Tortilla mit Artischocken & Paprika

Für 6–8 Portionen

Vorbereitung: 25 Min.

Garzeit: 22–28 Min.

Zutaten

250 g Artischockenherzen in Öl aus dem Glas, abgetropft, geviertelt und Öl aufgefangen

175 g gegrillte rote Paprika in Öl aus dem Glas, abgetropft, gewürfelt und Öl aufgefangen

1 große Zwiebel, in feine Ringe geschnitten

9 Eier (Größe L)

spanisches Olivenöl, zum Braten

Salz und Pfeffer

Zubereitung

1 4 Esslöffel des aufgefangenen Öls von Artischocken und Paprika in einer Pfanne (25 cm Ø) bei starker Hitze heiß werden lassen. Die Hitze reduzieren, dann die Zwiebel in die Pfanne geben und 8–10 Minuten goldbraun dünsten.

2 Die Eier in einer großen Schüssel verquirlen. Artischockenherzen und Paprika unterheben. Salzen und pfeffern.

3 Die Zwiebel mit einem Schaumlöffel aus der Pfanne nehmen, damit so viel Öl wie möglich in der Pfanne bleibt.

4 So viel Öl zufügen, dass wieder 4 Esslöffel in der Pfanne sind. Bei starker Hitze heiß werden lassen und durch Schwenken auch an der Pfannenwand verteilen.

5 Die Eiermischung hineingeben und Gemüsestücke, die herausragen, nach unten drücken. Etwa 30 Sekunden garen, dann die Hitze auf mittlere Stufe reduzieren und weitere 5–7 Minuten garen, bis die Unterseite gestockt ist.

6 Die Tortilla mit einem Pfannenwender vom Pfannenrand lösen.

7 Einen großen Teller auf die Pfanne setzen und zusammen umdrehen, sodass die Tortilla auf den Teller gestürzt wird.

8 1 Esslöffel Olivenöl in die Pfanne geben und heiß werden lassen. Die Tortilla mit der gebratenen Seite nach oben wieder in die Pfanne gleiten lassen und weitere 3–5 Minuten braten, bis sie fest und goldbraun ist.

9 Die Tortilla auf einen Teller gleiten lassen und in Stücke schneiden. Nach Belieben warm, lauwarm oder kalt servieren.

Variation

Sie können auch die roten Paprika weglassen, um dieses Gericht nur mit Artischocken und Basiszutaten zu genießen.

Patatas bravas

Für 6 Portionen | Vorbereitung: 20–25 Min. | Garzeit: 35–40 Min.

Zutaten

2 EL spanisches Olivenöl, plus Öl zum Braten

1 Zwiebel, fein gehackt

2 Knoblauchzehen, in Scheiben geschnitten

3½ EL Weißwein oder trockener spanischer Sherry

400 g gehackte Tomaten aus der Dose

2 TL Weiß- oder Rotweinessig

1–2 TL Chiliflocken

2 TL geräuchertes Paprikapulver

1 kg Kartoffeln, gewaschen und mit Schale in mundgerechte Stücke geschnitten

Zubereitung

1 2 Esslöffel Öl in einem großen Topf erhitzen. Die Zwiebel darin bei mittlerer Hitze 5 Minuten unter gelegentlichem Rühren glasig dünsten. Den Knoblauch zufügen und kurz rühren.

2 Mit dem Wein ablöschen und kurz aufkochen. Tomaten, Essig, Chiliflocken und Paprikapulver zufügen. Die Hitze reduzieren und ohne Deckel 10–15 Minuten köcheln lassen, bis die Sauce eingedickt ist.

3 Die Sauce mit dem Stabmixer glatt pürieren.

4 Öl etwa 2,5 cm hoch in eine große Pfanne füllen und erhitzen. Die Kartoffeln darin bei mittlerer bis starker Hitze 10–15 Minuten unter gelegentlichem Wenden goldbraun braten.

5 Die Kartoffeln aus der Pfanne nehmen und auf Küchenpapier abtropfen lassen.

6 Inzwischen die Sauce aufwärmen.

7 Die Kartoffeln auf eine vorgewärmte Servierplatte geben und mit der Sauce überziehen. Sofort servieren.

5

6

Gegrilltes Gemüse

Für 8 Portionen

Vorbereitung: 25 Min. plus Ziehzeit

Garzeit: 25–30 Min.

Zutaten

125 ml spanisches Olivenöl

4 Knoblauchzehen, zerdrückt

4 frische Thymianzweige

1,5 kg Gemüse, z. B. grüner Spargel, Auberginen, Zucchini, Fenchel, Frühlingszwiebeln, rote Paprika

Salz und Pfeffer

Romesco-Sauce (siehe Seite 52 oder 138), zum Servieren

Zubereitung

1 Öl, Knoblauch und Thymian in einer Schale verrühren. Mindestens 1 Stunde ziehen lassen.

2 Die holzigen Enden von den Spargelstangen abschneiden. Den Spargel, falls nötig, schälen und längs halbieren.

3 Auberginen und Zucchini putzen und längs in 5 mm dicke Scheiben schneiden.

4 Den Fenchel putzen und in Scheiben schneiden. Die Frühlingszwiebeln ebenfalls putzen.

5 Die Paprika vierteln, entstielen und das Kerngehäuse entfernen.

6 Eine gerippte gusseiserne Grillpfanne bei starker Hitze sehr heiß werden lassen. Dünn mit dem Knoblauchöl bestreichen.

7 Das Gemüse portionsweise in die Pfanne geben (die Paprika mit der Hautseite nach unten), mit Salz und Pfeffer würzen und braten, bis das Gemüse weich wird.

8 Das Gemüse mit einer Küchenzange wenden und bis zur gewünschten Garstufe weiterbraten. Die Pfanne bei Bedarf immer wieder mit dem Öl einfetten.

9 Das Gemüse auf einem vorgewärmten Servierteller anrichten und nach Belieben warm, lauwarm oder kalt mit der Romesco-Sauce servieren.

3

4

5

Salat aus gerösteter Paprika

Für 8 Portionen

Vorbereitung: 30–35 Min. plus Kühlzeit

Garzeit: 40 Min.

Zutaten

3 rote Paprika

3 gelbe Paprika

5 EL spanisches natives Olivenöl extra, plus etwas mehr zum Bestreichen

2 EL Sherry-Essig

2 Knoblauchzehen, zerdrückt

1 Prise Zucker

1 EL abgetropfte Kapern

8 kleine spanische schwarze Oliven

2 EL frisch gehackter Majoran, plus einige Blättchen zum Garnieren

Salz und Pfeffer

Zubereitung

1 Den Backofen auf 200 °C vorheizen. Die Paprika mit etwas Öl bestreichen und auf ein Backblech legen. Im vorgeheizten Ofen 30 Minuten garen. Die Paprika wenden und weitere 10 Minuten garen, bis die Schalen schwarz sind und Blasen werfen.

2 Die Paprika in einen sauberen Plastikbeutel geben und verschlossen etwa 10 Minuten abkühlen lassen.

3 Die Paprika über eine saubere Schüssel halten, mit einem spitzen Messer unten einschneiden und den Saft aus den Früchten laufen lassen.

4 Die Paprika häuten, entkernen und in gleichmäßig feine Streifen schneiden. Auf einer Servierplatte anrichten.

5 Öl, Essig, Knoblauch und Zucker zum Paprikasaft geben. Salzen und pfeffern. Alles glatt rühren und über die Paprikastreifen träufeln.

6 Kapern, Oliven und gehackten Majoran darauf verteilen.

7 Mit Majoranblättchen garnieren und zimmerwarm servieren.

3

6

7

Katalanischer Spinat

Für 8 Portionen

Vorbereitung: 20 Min.
plus Einweich- & Kühlzeit

Garzeit: 10–15 Min.

Zutaten

4 EL Rosinen

1 kg Spinat, gewaschen

2 EL spanisches Olivenöl

1 große Knoblauchzehe, zerdrückt

2 EL Pinienkerne

1 Prise getrocknete Chiliflocken

Salz und Pfeffer

Zubereitung

1 Die Rosinen in einer Schale mit lauwarmem Wasser bedecken und 15 Minuten einweichen. Dann gut abtropfen lassen.

2 Inzwischen den Spinat in einen großen Topf geben. Auf den Herd setzen und bei starker Hitze 3–5 Minuten rühren, bis er zusammengefallen ist. Den Spinat gut abtropfen und etwas abkühlen lassen. Dann ausdrücken und fein hacken.

3 Das Öl in einer Pfanne erhitzen. Den Knoblauch darin bei mittlerer Hitze 1–2 Minuten unter Rühren anbraten. Rosinen, Pinienkerne und Chiliflocken zufügen. Weitere 2 Minuten braten, bis die Pinienkerne Farbe bekommen.

4 Den Spinat untermischen. Mit Salz und Pfeffer abschmecken und 3–5 Minuten unter Rühren erhitzen.

5 Den Spinat in Cazuelas (tönerne Servierschalen) füllen und sofort servieren.

3

4

Kichererbsen in Tomatensauce

Für 8 Portionen | Vorbereitung: 15 Min. | Garzeit: 35–40 Min.

Zutaten

6 EL spanisches Olivenöl

1 große Zwiebel, fein gehackt

800 g gehackte Tomaten aus der Dose

4 große Knoblauchzehen, gehackt

800 g Kichererbsen aus der Dose, abgespült und abgetropft

1 TL geräuchertes Paprikapulver edelsüß, oder nach Geschmack

Salz und Pfeffer

knusprig frisches Bauernbrot, zum Servieren

Zubereitung

1 Das Öl in einem Topf erhitzen. Die Zwiebel zufügen, die Hitze reduzieren und 5–8 Minuten braten, bis die Zwiebel weich ist.

2 Tomaten und Knoblauch zufügen und 10 Minuten unter gelegentlichem Rühren köcheln lassen.

3 Kichererbsen und Paprikapulver unterrühren. Salzen und pfeffern. Bei geschlossenem Deckel zum Kochen bringen.

4 Die Hitze wieder reduzieren und bei halb aufgesetztem Deckel 15 Minuten garen, bis die Sauce eingedickt und sämig ist. Gegebenenfalls mit weiterem Paprikapulver, Salz und Pfeffer abschmecken.

5 In eine Servierform füllen und warm oder kalt mit frischem Brot servieren.

Gazpacho

Für 4–6 Portionen

Vorbereitung: 20–25 Min. Garzeit: 3–4 Min. plus Kühlzeit

Zutaten

500 g vollreife große Tomaten, gehäutet, entkernt und grob gehackt

3 große rote Paprika, grob gehackt

2 EL Sherry-Essig, oder nach Geschmack

4 EL spanisches Olivenöl

Salz und Pfeffer

Zum Servieren

4–6 Eiswürfel

klein gewürfelte Paprika, Gurke und hart gekochte Eier

Zubereitung

1 Tomaten und Paprika mit Essig und Öl in den Mixer geben.

2 Alle Zutaten nach Belieben stückig oder glatt pürieren.

3 Abgedeckt mindestens 4 Stunden im Kühlschrank ziehen lassen.

4 Den Gazpacho eventuell mit weiterem Essig sowie Salz und Pfeffer abschmecken. In Schalen füllen und je einen Eiswürfel zufügen.

5 Den Gazpacho sofort servieren. Klein gewürfelte Garnierungen wie Paprika, Gurke und hart gekochtes Ei separat dazureichen, sodass jeder den Gazpacho selbst garnieren kann.

Flamenco-Eier

Für 4 Portionen Vorbereitung: 20–25 Min. Garzeit: 35–45 Min.

Zutaten

4 EL spanisches Olivenöl

1 Zwiebel, in feine Ringe geschnitten

2 Knoblauchzehen, fein gehackt

2 kleine rote Paprika, klein gewürfelt

4 Tomaten, gehäutet, entkernt und klein gewürfelt

1 EL frisch gehackte Petersilie

200 g Mais aus der Dose, abgetropft

4 Eier

Salz und Cayennepfeffer

Zubereitung

1 Den Backofen auf 180 °C vorheizen. Das Öl in einer großen, schweren Pfanne erhitzen. Zwiebel und Knoblauch darin bei kleiner Hitze 5 Minuten unter gelegentlichem Rühren andünsten.

2 Die Paprika untermischen und weitere 10 Minuten garen.

3 Tomaten und Petersilie zufügen. Mit Salz und Cayennepfeffer würzen und weitere 5 Minuten garen.

4 Den Mais untermischen und die Pfanne vom Herd nehmen.

5 Die Gemüsemischung in vier ofenfeste Förmchen füllen. Mit einem Löffelrücken je eine Mulde in die Mitte drücken.

6 Vorsichtig in jede Mulde ein Ei hineinschlagen. Im vorgeheizten Ofen 15–25 Minuten garen, bis die Eier gestockt sind.

7 In den Förmchen sofort servieren.

4

6

Pisto Manchego

Für 4 Portionen

Vorbereitung: 15 Min. plus Ruhezeit

Garzeit: 13–17 Min.

Zutaten

4 große Tomaten
1 rote Zwiebel
1 große Aubergine (etwa 500 g)
1 Zucchini
4 Knoblauchzehen
2 grüne Paprika
2 rote Paprika
125 ml spanisches Olivenöl
2–3 TL Sherry-Essig
Salz und Pfeffer
knusprig frisches Bauernbrot, zum Servieren

Zubereitung

1 Zum Häuten die Tomaten am Stielansatz kreuzweise einschneiden und in eine hitzebeständige Schüssel geben. Mit kochendem Wasser überbrühen und 30 Sekunden ruhen lassen.

2 Das Wasser abgießen und die Tomaten unter fließend kaltem Wasser abschrecken. Mit einem kleinen Messer häuten.

3 Die Tomaten halbieren und mit einem Teelöffel die Kernchen herauslösen. Das Fruchtfleisch klein würfeln.

4 Die Zwiebel schälen. Aubergine und Zucchini putzen, den Knoblauch schälen. Alles fein würfeln.

5 Die Paprika entkernen und fein würfeln.

6 Das Öl in einer großen Pfanne erhitzen. Zwiebel und Paprika bei mittlerer Hitze 8–10 Minuten unter gelegentlichem Rühren garen.

7 Knoblauch, Tomaten, Aubergine und Zucchini untermischen. Unter Rühren zum Kochen bringen, dann die Hitze reduzieren und 15–20 Minuten köcheln lassen.

8 Den Essig unterrühren. Mit Salz und Pfeffer abschmecken. Das Gemüse in eine Servierschüssel füllen und warm oder kalt mit frischem Brot servieren.

6

7

Salat mit dicken Bohnen & Pilzen

Für 6 Portionen | Vorbereitung: 15 Min. | Garzeit: 28–30 Min.

Zutaten

1 rote Zwiebel

3 EL spanisches Olivenöl, plus etwas mehr zum Servieren

900 g braune Champignons, in Scheiben

500 g dicke Bohnen, Tiefkühlware aufgetaut

2 EL frisch gehackter Dill

Sherry-Essig, zum Abschmecken

Salz und Pfeffer

Salatblätter und frisches Weißbrot, zum Servieren

Zubereitung

1 Die Zwiebel schälen, vierteln und in feine Streifen schneiden. Mit Salz bestreuen und ziehen lassen.

2 Das Öl in einer großen Pfanne bei starker Hitze heiß werden lassen.

3 Die Pilze in die Pfanne geben. Salzen und pfeffern. Unter Rühren anbraten, bis die Pilze das Öl aufgenommen haben. Die Hitze reduzieren und weiterbraten, bis die Pilze Flüssigkeit abgeben. Dann die Temperatur wieder erhöhen und 4–5 Minuten unter häufigem Rühren garen, bis der Garsud verdampft ist. Die Pilze in eine Schüssel füllen.

4 Inzwischen leicht gesalzenes Wasser in einem großen Topf zum Kochen bringen. Die Bohnen zufügen, das Wasser erneut zum Kochen bringen und die Bohnen 4–5 Minuten knackig gar kochen. Abgießen und die Bohnen in einer Schüssel Eiswasser abschrecken.

5 Die Bohnen zwischen Daumen und Zeigefinger aus den Häuten drücken. Unter die Pilze heben und erkalten lassen.

6 Die Zwiebel abspülen und mit Küchenpapier trocken tupfen.

7 Zwiebel und Dill zur Pilz-Bohnen-Mischung geben. Mit etwas Essig sowie Salz und Pfeffer würzen. Eine Servierplatte mit Salatblättern auslegen und den Pilz-Bohnen-Salat darauf anrichten. Mit Olivenöl und frischem Brot servieren.

4

5

7

Zucchinisalat mit Korianderdressing

Für 6 Portionen

Vorbereitung: 25–30 Min. plus Abtropf- & Kühlzeit

Garzeit: 25 Min.

Zutaten

500 g kleine Zucchini
1 TL Salz
1 EL spanisches Olivenöl
1 Knoblauchzehe, zerdrückt
50 g Pinienkerne

Korianderdressing

2 Knoblauchzehen, gehackt
1 TL gemahlener Kreuzkümmel
8 EL frisch gehackte Korianderblätter
2 EL frisch gehackte glatte Petersilie
5 EL spanisches natives Olivenöl extra
2 EL Weißweinessig
Salz und Pfeffer

Zubereitung

1 Die Zucchini längs in dünne Scheiben schneiden. In einen Durchschlag schichten, jede Schicht mit etwas von dem Salz bestreuen. Den Durchschlag auf einen großen Teller stellen und die Zucchini 1 Stunde abtropfen lassen.

2 Inzwischen für das Dressing Knoblauch, Kreuzkümmel und Kräuter in einem Mixer fein zerkleinern.

3 Bei laufendem Motor 1 Esslöffel natives Olivenöl tropfenweise zufügen. Die Mischung von der Becherwand schaben. Erneut bei laufendem Motor das restliche Öl in dünnem, gleichmäßigem Strahl zugießen, bis die Mischung dickflüssig ist. Den Essig zufügen und 1 Minute mixen. Mit Salz und Pfeffer abschmecken.

4 Die abgetropften Zucchini kurz unter fließend, kaltem Wasser abspülen, dann mit Küchenpapier oder einem sauberen Küchentuch abtrocknen. In einer großen Schüssel mit Olivenöl und Knoblauch mischen.

5 Eine große Grillpfanne erhitzen. Die Zucchinischeiben darin portionsweise nebeneinander 5 Minuten braten, zwischendurch einmal wenden. In eine große Servierschüssel umfüllen, zur Seite stellen und etwas abkühlen lassen.

6 Die Pinienkerne über die Zucchini streuen. Das Dressing noch einmal umrühren, falls sich die Phasen getrennt haben, dann etwas davon über die Zucchini träufeln.

7 Das restliche Dressing in eine Schale füllen und zu dem Zucchinisalat servieren.

Spargelsalat mit jungem Porree

Für 6 Portionen

Vorbereitung: 25 Min. plus Kühlzeit

Garzeit: 30 Min.

Zutaten

3 Eier

500 g Baby-Porreestangen, geputzt

225 g junger grüner Spargel, geputzt

150 ml Mayonnaise

2 EL Sherry-Essig

1 Knoblauchzehe, zerdrückt

Salz und Pfeffer

2 EL Kapern, zum Garnieren

Zubereitung

1 Die Eier in einem Topf mit kaltem Wasser bedecken und langsam zum Kochen bringen. Die Temperatur reduzieren und die Eier 10 Minuten köcheln lassen. Abgießen und sofort kalt abschrecken. Die Schalen anklopfen, damit sie brechen, und die Eier abkühlen lassen.

2 Inzwischen Porree und Spargel in 9 cm lange Stücke schneiden. Beide Gemüsesorten in einen Topf mit kochendem Wasser geben. Wieder zum Kochen bringen und 1–2 Minuten bissfest garen. Abgießen, unter kaltem Wasser abschrecken und gut abtropfen lassen.

3 Die Mayonnaise in einer großen Schüssel mit Essig und Knoblauch glatt verrühren. Mit Salz und Pfeffer abschmecken. Porree und Spargel ins Dressing geben und mischen. Den Salat in eine Servierschüssel umfüllen und abgedeckt mindestens 1 Stunde in den Kühlschrank stellen.

4 Kurz vor dem Servieren die Eier pellen, in Viertel schneiden und auf den Salat legen. Mit den Kapern bestreuen und servieren.

Geschmortes Sommergemüse

Für 6–8 Portionen   Vorbereitung: 25 Min.   Garzeit: 45–60 Min.

Zutaten

1 große Aubergine

4 EL spanisches Olivenöl

1 Zwiebel, in dünne Ringe geschnitten

2 Knoblauchzehen, fein gehackt

2 Zucchini, in dünne Scheiben geschnitten

1 rote und 1 grüne Paprika, in dünne Streifen geschnitten

8 Tomaten, gehäutet, entkernt, gewürfelt

Salz und Pfeffer

frisch gehackte glatte Petersilie, zum Garnieren

knusprig frisches Bauernbrot, zum Servieren (nach Belieben)

Zubereitung

1 Die Aubergine in große Würfel schneiden. Das Öl in einer großen, ofenfesten Kasserolle erhitzen. Die Zwiebel hineingeben und bei mittlerer Hitze unter gelegentlichem Rühren 5 Minuten glasig dünsten. Den Knoblauch zugeben und 30 Sekunden braten.

2 Die Hitze etwas erhöhen, dann die Auberginenwürfel unter gelegentlichem Rühren 10 Minuten von allen Seiten anbraten. Zucchini und Paprika zugeben und unter gelegentlichem Rühren weitere 10 Minuten garen. Die Tomatenwürfel zugeben und alles mit Salz und Pfeffer würzen.

3 Die Mischung aufkochen, dann abdecken, die Hitze reduzieren und alles 15–20 Minuten schmoren. Gelegentlich umrühren, damit das Gemüse nicht am Boden der Kasserolle haften bleibt. Falls nötig, den Deckel abnehmen und die überschüssige Flüssigkeit einkochen.

4 Das Gemüse heiß oder kalt servieren. Mit Petersilie garnieren und nach Belieben knuspriges Bauernbrot dazureichen.

Gebackene Tomatennester

Für 4 Portionen

Vorbereitung: 15–20 Min. plus Abtropfzeit

Garzeit: 15–20 Min.

Zutaten

4 große, vollreife Tomaten

4 große Eier

4 EL Crème double oder Crème fraîche

4 EL geriebener gereifter Mahón, Manchego oder Parmesan

Salz und Pfeffer

Zubereitung

1 Den Backofen auf 180 °C vorheizen. Einen Deckel von den Tomaten abschneiden und die Früchte vorsichtig aushöhlen. Die Tomaten mit den Schnittflächen nach unten auf Küchenpapier setzen und 15 Minuten abtropfen lassen, dann innen mit Salz und Pfeffer würzen.

2 Die Tomaten in eine Auflaufform geben, die gerade groß genug ist, dass sie darin nebeneinander Platz haben. In jede Tomate vorsichtig 1 Ei schlagen und je 1 Esslöffel Crème double und 1 Esslöffel Käse daraufgeben.

3 Im vorgeheizten Ofen 15–20 Minuten backen, bis die Eier gerade gestockt sind. Heiß servieren.

Orangen-Fenchel-Salat

Für 4 Portionen   Vorbereitung: 25 Min.   Garzeit: keine

Zutaten

4 große, saftige Orangen

1 große Fenchelknolle, in sehr dünne Scheiben geschnitten

1 milde weiße Zwiebel, in dünne Ringe geschnitten

2 EL spanisches natives Olivenöl extra

12 schwarze Oliven, entsteint und in dünne Scheiben geschnitten

1 frische rote Chili, in dünne Ringe geschnitten (nach Belieben)

frisch gehackte Petersilie, zum Garnieren

frisches Baguette, zum Servieren

Zubereitung

1 Die Orangenschale fein in eine Schüssel reiben und beiseitestellen. Die Orangen mit einem scharfen Sägeschliffmesser großzügig schälen, sodass auch die weiße Haut vollständig mit entfernt wird, dabei über einer Schüssel arbeiten, um den Saft aufzufangen. Die Orangen quer in dünne Scheiben schneiden.

2 Orangen-, Fenchelscheiben und Zwiebelringe mischen. Das Olivenöl in den aufgefangenen Orangensaft einrühren und über den Salat träufeln. Oliven und Chili, falls verwendet, darübergeben. Mit Orangenschale und Petersilie bestreuen, dazu frisches Baguette reichen.

Sommersalat mit Tomatendressing

Für 4 Portionen | Vorbereitung: 15–20 Min. | Garzeit: 20 Min.

Zutaten

4 Eier (nach Belieben)
100 g feine grüne Bohnen
500 g Cocktail- oder Datteltomaten
1 grüne Paprika, gewürfelt
1 gelbe Paprika, gewürfelt
4 Cornichons, in Scheiben geschnitten
50 g entsteinte spanische schwarze Oliven, halbiert
1 TL Kapern

Tomatendressing

6 feste Tomaten
1 Knoblauchzehe, gehackt
6 EL spanisches natives Olivenöl extra
3 EL Sherry-Essig
½ TL scharfes oder mildes geräuchertes Paprikapulver
1 Prise Zucker
Salz

Zubereitung

1 Die Eier, falls verwendet, in einem Topf mit kaltem Wasser bedecken. Langsam zum Kochen bringen, dann die Temperatur reduzieren und 10 Minuten köcheln lassen. Sofort abgießen und unter fließend kaltem Wasser abschrecken. Die Schalen anklopfen, damit sie brechen, und die Eier abkühlen lassen.

2 Inzwischen die Bohnen putzen und in 2,5 cm lange Stücke schneiden. In einem Topf mit kochendem Wasser 2 Minuten blanchieren, dann abgießen. Unter fließend kaltem Wasser abschrecken und abkühlen lassen.

3 Für das Dressing die Tomaten grob in eine Schüssel raspeln, die in der Hand zurückbleibende Schale wegwerfen. Zusammen mit Knoblauch, Öl, Essig, Paprika und Zucker in einen Mixer geben und fein pürieren. Mit Salz abschmecken.

4 Die abgekühlten Bohnen in eine große Servierschüssel geben. Tomaten und Paprika zufügen und mischen. Das Gemüse mit dem Dressing beträufeln.

5 Cornichons, Oliven und Kapern über den Salat streuen. Falls verwendet, kurz vor dem Servieren die Eier pellen, vierteln und auf dem Salat anrichten.

Neue Kartoffeln mit Aioli

Für 4 Portionen

Vorbereitung: 25–30 Min. plus Marinier- & Kühlzeit

Garzeit: 26–30 Min.

Zutaten

500 g neue, kleine Kartoffeln

1 EL frisch gehackte glatte Petersilie

Aioli

1 Eigelb (Größe L), zimmerwarm

1 EL Weißweinessig oder Zitronensaft

2 große Knoblauchzehen, grob gehackt

75 ml spanisches natives Olivenöl extra

75 ml Sonnenblumenöl

1 EL Wasser

Salz und Pfeffer

Zubereitung

1 Für die Aioli Eigelb, Essig und Knoblauch in der Küchenmaschine mixen. Mit Salz und Pfeffer würzen. Bei laufendem Motor zuerst das Olivenöl tropfenweise zugeben. Wenn die Masse andickt, das Sonnenblumenöl in einem dünnen kontinuierlichen Strahl zugießen, bis die Masse glatt und dick ist. Die Aioli kann auch mit einem Schneebesen in einer Schüssel zubereitet werden.

2 Für dieses Rezept sollte die Aioli sehr dünn sein, damit man die Kartoffeln damit überziehen kann.

3 Damit die Aioli nicht zu dickflüssig wird, das Wasser unterrühren.

4 Die Kartoffeln halbieren oder vierteln, die Stücke sollten mundgerecht sein. Sehr kleine Knollen können auch ganz bleiben. Die Kartoffeln in einem Topf mit gesalzenem Wasser bedecken und zum Kochen bringen. Die Hitze reduzieren und die Kartoffeln etwa 7 Minuten garen. Sie sollten gerade weich sein. Abgießen und in eine Schüssel geben.

5 Die Aioli über die noch warmen Kartoffeln gießen und diese darin wenden. Warme Kartoffeln nehmen den Knoblauchgeschmack besser auf als kalte. Etwa 20 Minuten ruhen lassen.

6 Die Kartoffeln mit Aioli in eine vorgewärmte Schale geben, mit der Petersilie bestreuen und warm servieren. Das Gericht kann auch im Voraus zubereitet und im Kühlschrank aufbewahrt werden. Es sollte jedoch vor dem Servieren Zimmertemperatur annehmen.

Röstpaprika mit feurig-scharfem Käse

Für 4 Portionen

Vorbereitung: 20 Min. plus Kühlzeit

Garzeit: 15–18 Min.

Zutaten

1 rote Paprika, halbiert

1 orange Paprika, halbiert

1 gelbe Paprika, halbiert

125 g scharf gewürzter Käse, z. B. Afuega'l Pitu, gewürfelt

1 EL flüssiger Honig

1 EL Sherry-Essig

Salz und Pfeffer

Zubereitung

1 Den Backofengrill vorheizen. Die Paprika mit der Haut nach oben nebeneinander auf ein Backblech legen. Unter dem Grill auf der oberen Schiene 8–10 Minuten rösten, bis die Haut schwarz wird und Blasen wirft. Die Paprika mit einer Zange in einen Gefrierbeutel geben und den Beutel verschließen. Abkühlen lassen.

2 Die Paprika häuten und entkernen. Auf einem Teller anrichten und mit dem Käse bestreuen.

3 Honig und Essig in einer Schüssel verrühren und mit Salz und Pfeffer abschmecken. Das Dressing über die Paprika geben. Bis zum Servieren abgedeckt kalt stellen.

Ziegenkäse mit Honig & Walnüssen

Für 4 Portionen

Vorbereitung: 10–15 Min.

Garzeit: keine

Zutaten

175 g Ziegenkäse am Stück, z. B. Monte Enebro

120 ml flüssiger Honig, z. B. Orangenblüten- oder Thymianhonig

100 g Walnusskerne, gehackt

Zubereitung

1 Den Käse mindestens 20 Minuten vor dem Servieren aus dem Kühlschrank nehmen, damit er Zimmertemperatur annimmt.

2 Den Honig in eine Schüssel geben, die Walnussstücke in eine andere.

3 Den Käse mit einem Käsemesser auf einem Brett anrichten, sodass jeder sich ein Stück abschneiden und nach Belieben mit Honig beträufeln und mit Nüssen bestreuen kann.

4 Alternativ den Käse in 4 Stücke schneiden, auf Portionstellern anrichten und vorab mit Honig beträufeln, mit Walnüssen bestreuen und servieren.

Spanische Spinat-Tomaten-Pizza

Ergibt: 32 Stück

Vorbereitung: 45 Min. plus Ruhe- & Gehzeit

Garzeit: 25–30 Min.

Zutaten

Hefeteig

100 ml lauwarmes Wasser

½ TL Trockenbackhefe

1 Prise Zucker

200 g Weizenmehl (Type 550), plus etwas mehr zum Bestäuben

½ TL Salz

Belag

2 EL spanisches natives Olivenöl extra, plus etwas mehr zum Einfetten und Beträufeln

1 Zwiebel, fein gehackt

1 Knoblauchzehe, fein gehackt

400 g gehackte Tomaten aus der Dose

125 g Babyspinat, gewaschen

25 g Pinienkerne

Salz und Pfeffer

Zubereitung

1 Für den Teig das Wasser in eine kleine Schüssel geben, Hefe und Zucker hineingeben und an einem warmen Ort 10–15 Minuten ruhen lassen, bis die Mischung Blasen wirft.

2 Mehl und Salz in eine große Schüssel sieben. Eine Vertiefung formen und die Hefemischung hineingeben. Mit einem Holzlöffel verrühren, dann mit den Händen kneten und dabei alle Teigreste von der Schüssel lösen.

3 Den Teig auf einer leicht mit Mehl bestäubten Arbeitsfläche etwa 10 Minuten zu einem glatten und elastischen Teig kneten. Den Teig zu einer Kugel formen, in eine saubere Schüssel legen und mit einem sauberen Küchentuch abdecken. An einem warmen Ort 1 Stunde gehen lassen, bis sich sein Volumen verdoppelt hat.

4 Für den Belag das Olivenöl in einer großen, schweren Pfanne erhitzen. Die Zwiebel darin etwa 5 Minuten weich dünsten, aber nicht bräunen. Den Knoblauch zugeben und 30 Sekunden dünsten. Die Tomaten unterrühren und die Mischung etwa 5 Minuten dickflüssig einköcheln. Dabei gelegentlich umrühren. Die Spinatblätter zugeben und ein wenig zusammenfallen lassen. Mit Salz und Pfeffer abschmecken.

5 Während der Teig geht, den Backofen auf 200 °C vorheizen. Mehrere Backbleche mit Olivenöl einfetten. Den Teig auf eine mit Mehl bestäubte Arbeitsfläche geben und 2–3 Minuten kneten, um große Luftblasen zu entfernen. Dann sehr dünn ausrollen und 32 Kreise (6 cm Ø) ausstechen.

6 Die Teigstücke auf die Backbleche legen. Die Spinatmischung darauf verteilen, die Pinienkerne darüberstreuen und alles mit etwas Olivenöl beträufeln. Die Spinat-Tomaten-Pizzas im Backofen 10–15 Minuten backen, bis der Teig goldbraun ist. Heiß servieren.

Grüne Bohnen mit Pinienkernen

Für 8 Portionen

Vorbereitung: 20 Min.

Garzeit: 20–25 Min.

Zutaten

2 EL Olivenöl

50 g Pinienkerne

½–1 TL Paprikapulver

500 g grüne Bohnen

1 kleine Zwiebel, fein gehackt

1 Knoblauchzehe, fein gehackt

Salz und Pfeffer

Saft von ½ Zitrone

Zubereitung

1 Das Olivenöl in einer schweren Pfanne erhitzen. Die Pinienkerne darin unter ständigem Rühren 1 Minute goldbraun rösten. Mit einem Schaumlöffel herausnehmen, auf Küchenpapier gut abtropfen lassen und in eine Schüssel geben (das Öl in der Pfanne für später aufbewahren). Die Paprikapulvermenge nach Belieben zu den Pinienkernen geben und gut untermischen. Beiseitestellen.

2 Die Bohnen putzen, in einen Topf geben und mit kochendem Wasser übergießen. Wieder aufkochen und 10 Minuten bissfest garen. In einem Sieb gut abtropfen lassen.

3 Das Öl in der Pfanne erneut erhitzen. Die Zwiebel darin 5–10 Minuten glasig dünsten und leicht bräunen. Den Knoblauch zugeben und 30 Sekunden anbraten.

4 Die Bohnen in die Pfanne geben und unter ständigem Rühren 2–3 Minuten erhitzen. Mit Salz und Pfeffer abschmecken.

5 Den Inhalt der Pfanne auf eine vorgewärmte Platte geben. Mit Zitronensaft beträufeln und umrühren. Mit den gerösteten Pinienkernen bestreuen und heiß servieren.

Gefüllte Spitzpaprika

Für 7–8 Portionen

Vorbereitung: 25 Min. plus Kühlzeit

Garzeit: keine

Zutaten

180 g milde, geröstete rote Spitzpaprika aus dem Glas

Salz und Pfeffer

frische Kräuter, zum Garnieren

Kräuterfrischkäse

225 g Frischkäse

1 TL Zitronensaft

1 Knoblauchzehe, zerdrückt

4 EL frisch gehackte glatte Petersilie

1 EL frisch gehackte Minze

1 EL frisch gehackter Oregano

Thunfisch-Mayonnaise

200 g Thunfisch in Olivenöl aus der Dose, abgetropft

5 EL Mayonnaise

2 TL Zitronensaft

2 EL frisch gehackte glatte Petersilie

Ziegenkäse mit Oliven

50 g entsteinte schwarze Oliven, fein gehackt

200 g Ziegenfrischkäse

1 Knoblauchzehe, zerdrückt

Zubereitung

1 Die Paprika aus dem Öl nehmen, das Öl aufbewahren. Die gewünschte Füllung wählen (jeweils 1 Füllung für 180 g Paprika).

2 Für den Kräuterfrischkäse den Frischkäse mit Zitronensaft, Knoblauch, Petersilie, Minze und Oregano sorgfältig verrühren. Mit Salz und Pfeffer abschmecken.

3 Für die Thunfischmayonnaise den Thunfisch in einer Schüssel mit Mayonnaise, Zitronensaft und Petersilie verrühren. 1 Esslöffel des Öls von den Paprika zugeben und unterrühren. Mit Salz und Pfeffer abschmecken.

4 Für die Ziegenkäsefüllung die Oliven in einer Schüssel mit Ziegenkäse, Knoblauch und 1 Esslöffel des Öls von den Paprika verrühren. Mit Salz und Pfeffer abschmecken.

5 Mit einem Teelöffel die gewählte Füllung in die Paprika geben. Mindestens 2 Stunden in den Kühlschrank legen, bis die Füllung fest ist.

6 Die Paprika zum Servieren auf einer Platte anrichten. Eventuell herausgequollene Füllung mit Küchenpapier abwischen. Mit Kräutern garnieren.

Bohnen-Paprika-Salat

Für 8 Portionen

Vorbereitung: 25 Min. plus Kühlzeit (optional)

Garzeit: keine

Zutaten

2 große gegrillte rote Paprika in Öl aus dem Glas, abgetropft und Öl aufgefangen

800 g weiße Bohnen aus der Dose, z.B. Cannellini-Bohnen, abgespült und abgetropft

2 Frühlingszwiebeln, fein gehackt

2 EL Kapern, abgespült und abgetropft

2 EL Sherry-Essig, oder nach Geschmack

spanisches natives Olivenöl extra, zum Abschmecken

Salz und Pfeffer

knusprig frisches Brot, zum Servieren

Zubereitung

1 Die Paprika in feine, lange Streifen schneiden und in eine Schüssel geben.

2 Bohnen, Frühlingszwiebeln und Kapern zufügen und vorsichtig untermischen.

3 4 Esslöffel aufgefangenes Paprika-Öl mit dem Essig in eine Schüssel geben. Mit Salz und Pfeffer würzen und sorgfältig verrühren. Mit etwas Olivenöl oder Essig abschmecken.

4 Das Dressing über den Salat gießen und vorsichtig unterheben.

5 Den Salat in Cazuelas füllen und sofort servieren oder bis zum Servieren im Kühlschrank lagern. Mit reichlich frischem Brot servieren.

Geröstete Kartoffeln mit Schalotten & Rosmarin

Für 6 Portionen Vorbereitung: 20–25 Min. Garzeit: 1 Std.

Zutaten

1 kg große Kartoffeln

6 EL Olivenöl

2 frische Rosmarinzweige

150 g Babyschalotten, geschält

2 Knoblauchzehen, in Scheiben geschnitten

Salz und Pfeffer

Zubereitung

1 Den Backofen auf 200 °C vorheizen. Die Kartoffeln schälen und jeweils in 8 dicke Spalten schneiden. In einen großen Topf mit leicht gesalzenem Wasser geben und zum Kochen bringen. Die Hitze reduzieren und 5 Minuten köcheln. Abgießen und abtropfen lassen.

2 Das Öl in einer großen ofenfesten Kasserolle erhitzen. Die Kartoffeln zugeben und kurz anbraten. Die Blätter von den Rosmarinzweigen abziehen und fein hacken. Zu den Kartoffeln geben und verrühren.

3 In den Ofen geben und 35 Minuten backen. Dabei zweimal die Kartoffeln wenden. Schalotten und Knoblauch zugeben und weitere 15 Minuten rösten, bis die Kartoffeln goldbraun sind. Mit Salz und Pfeffer würzen.

4 In eine vorgewärmte Servierschüssel geben und servieren.

Spinat-Mozzarella-Omelett

Für 4 Portionen Vorbereitung: 15 Min. Garzeit: 6–8 Min.

Zutaten

1 EL Butter

4 Eier, verquirlt

40 g Mozzarella, in dünne Streifen geschnitten

1 Handvoll Babyspinat, Stiele entfernt

Salz und Pfeffer

1 eingelegte rote Paprika aus dem Glas, in Streifen geschnitten, zum Garnieren

Zubereitung

1. Eine beschichtete Pfanne (25 cm Ø) erhitzen und die Butter darin zerlassen. Die Eier hineingießen und mit Salz und Pfeffer würzen. So lange anbraten, bis die Eiermischung leicht gestockt ist.
2. Käse und Spinat über das Omelett streuen und einige Minuten weiterbraten. Sobald die Eiermischung ganz gestockt ist, das Omelett vorsichtig in der Mitte überklappen. Einige Sekunden weiterbraten, dabei mit dem Pfannenwender leicht zusammenpressen. Das Omelett wenden und weitere 30 Sekunden braten.
3. Das Omelett auf eine vorgewärmte Servierplatte geben und quer in Streifen schneiden. Mit den Paprikastreifen garnieren und sofort servieren.

Salat mit Tomaten, Mozzarella & Avocado

Für 4 Portionen | Vorbereitung: 15 Min. | Garzeit: 10–12 Min.

Zutaten

2 reife Fleischtomaten

150 g Mozzarella

2 vollreife Avocados

Saft von ½ Zitrone

einige frische Basilikumblätter, zerzupft

20 schwarze Oliven

knusprig frisches Brot, zum Servieren

Dressing

4 EL natives Olivenöl extra

1½ EL Weißweinessig

1 TL körniger Senf

Salz und Pfeffer

Zubereitung

1 Die Tomaten mit einem scharfen Messer in Spalten schneiden und in eine große Salatschüssel geben. Den Mozzarella abgießen und in Stücke schneiden. Die Avocados halbieren, den Kern entfernen und schälen. Das Fruchtfleisch in Scheiben schneiden und sofort mit dem Zitronensaft beträufeln, damit es sich nicht braun verfärbt. Zu den Tomaten in die Schüssel geben.

2 Für das Dressing alle Zutaten in eine kleine Schüssel geben und verquirlen. Über den Salat gießen und vorsichtig vermengen.

3 Basilikum und Oliven auf dem Salat verteilen und diesen sofort mit frischem Brot servieren.

Pilze mit gebackenem Knoblauch

Für 4 Portionen | Vorbereitung: 20 Min. | Garzeit: 1 Std. 25 Min.

Zutaten

2 Knoblauchknollen

4 EL natives Olivenöl extra

350 g gemischte Pilze, z. B. Champignons, Austernpilze und Pfifferlinge, große Pilze halbiert

1 EL frisch gehackte Petersilie

8 Frühlingszwiebeln, in 2,5 cm lange Stücke geschnitten

Salz und Pfeffer

Zubereitung

1 Den Backofen auf 180 °C vorheizen. Die Spitzen der Knoblauchknollen abschneiden und die Knollen leicht auseinanderdrücken, um die einzelnen Zehen zu lockern. In eine Auflaufform setzen und mit Salz und Pfeffer würzen. 2 Teelöffel Öl darüberträufeln und 30 Minuten im Ofen backen. Die Auflaufform herausnehmen, 1 weiteren Teelöffel Öl über den Knoblauch träufeln und noch 45 Minuten im Ofen backen. Herausnehmen und abkühlen lassen. Dann die einzelnen Zehen aus der Schale in eine Schüssel drücken.

2 Das Öl aus der Auflaufform in eine schwere Pfanne gießen, das restliche Öl zugeben und erhitzen. Die Pilze darin bei mittlerer Hitze unter Rühren 4 Minuten dünsten.

3 Knoblauchzehen, Petersilie und Frühlingszwiebeln zugeben und unter Rühren 5 Minuten anbraten. Mit Salz und Pfeffer abschmecken, auf einem Servierteller anrichten und sofort servieren.

Feigen mit Blauschimmelkäse

Für 6 Portionen

Vorbereitung: 20–25 Min. plus Kühlzeit

Garzeit: 5–10 Min.

Zutaten

Karamellisierte Mandeln

100 g Zucker

120 g ganze abgezogene Mandeln

12 vollreife Feigen

350 g spanischer Blauschimmelkäse, z. B. Picós, zerbröckelt

spanisches natives Olivenöl extra, zum Beträufeln und Einfetten

Zubereitung

1 Für die karamellisierten Mandeln den Zucker in einem Topf bei mittlerer Hitze unter Rühren schmelzen und goldbraun werden lassen. Sobald der Zucker kocht, nicht mehr rühren. Vom Herd nehmen, die Mandeln einzeln hineingeben und mit einer Gabel im Karamell wenden (wenn der Karamell hart wird, den Topf wieder auf den Herd stellen). Die Karamell-Mandeln auf ein dünn eingefettetes Backblech geben. Abkühlen und fest werden lassen.

2 Zum Servieren die Feigen halbieren und je 4 Hälften auf Tellern anrichten. Die Mandeln von Hand grob hacken. Den Blauschimmelkäse auf die Teller häufen und mit den Mandeln bestreuen. Die Feigen sehr sparsam mit Olivenöl beträufeln.

Variation

Ein weicher Ziegenkäse passt wunderbar als Alternative zum Blauschimmelkäse.

AUFSTRICHE, BELÄGE & GEFÜLLTES

Tomatenbrot

Für 2–4 Portionen | Vorbereitung: 10–15 Min. | Garzeit: 4 Min.

Zutaten

4 schräg geschnittene Scheiben Stangenweißbrot

2 vollreife Tomaten, halbiert

1 Knoblauchzehe, fein gehackt

2 EL spanisches Olivenöl

Zubereitung

1 Wenn das Brot sehr weich ist, unter dem vorgeheizten Backofengrill oder im Toaster von beiden Seiten goldbraun rösten.

2 Die Brotscheiben von einer Seite kräftig jeweils mit den Tomatenhälften einreiben.

3 Mit dem gehackten Knoblauch bestreuen.

4 Dann mit dem Olivenöl beträufeln.

5 Sofort servieren, da das Brot rasch aufweicht.

Variation

Sie können den Knoblauch weglassen, falls Ihnen der Geschmack zu intensiv ist. Andere Brotsorten, wie beispielsweise Pita-Brot, eignen sich hervorragend als Alternative.

Tapenade

Für 4 Portionen

Vorbereitung: 15–20 Min. plus Kühlzeit

Garzeit: keine

Zutaten

100 g Sardellenfilets in Öl aus der Dose

350 g schwarze Oliven, entsteint und grob gehackt

2 Knoblauchzehen, grob gehackt

2 EL abgespülte und abgetropfte Kapern

1 EL Dijon-Senf

3 EL spanisches natives Olivenöl extra

2 EL Zitronensaft

knusprig frisches Baguette, zum Servieren

Zubereitung

1 Die Sardellen abtropfen lassen und das Öl auffangen.

2 Dann die Sardellen grob hacken.

3 Die Sardellenstücke in einen Mixer oder Blitzhacker geben.

4 Aufgefangenes Öl sowie alle weiteren Zutaten zufügen.

5 Die Zutaten zu einer glatten Masse pürieren und immer wieder von der Gefäßwand nach unten schaben.

6 Die Tapenade in eine Servierform füllen und mit Frischhaltefolie abgedeckt bis zum Servieren kalt stellen.

7 Vor dem Servieren rechtzeitig aus dem Kühlschrank nehmen, damit die Tapenade Zimmertemperatur annehmen kann. Mit frischem Brot servieren.

2

4

5

Bruschetta mit Käse & getrockneten Tomaten

Für 4–6 Portionen

Vorbereitung: 15–20 Min. plus Ruhezeit

Garzeit: 10 Min.

Zutaten

2 Brotstangen, z. B. Pan rustico oder Pan de centeno

175 g Pesto rosso

300 g Mozzarella, abgetropft und gewürfelt

1½ TL getrockneter Oregano

2–3 EL Olivenöl

Salz und Pfeffer

Zubereitung

1 Den Backofengrill vorheizen. Das Brot diagonal in Scheiben schneiden, auf den Grillrost legen und goldbraun rösten.

2 Jeweils eine Seite der Brotscheiben mit Pesto rosso bestreichen und mit dem Mozzarella belegen. Mit dem Oregano bestreuen und mit Salz und Pfeffer würzen.

3 Die Brotscheiben auf ein Backblech legen und mit dem Öl beträufeln. Im Backofengrill etwa 5 Minuten backen, bis der Käse geschmolzen ist und Blasen wirft. Auf eine Servierplatte geben und vor dem Servieren 5 Minuten ruhen lassen.

Russischer Salat

Ergibt: 16–20 Stück

Vorbereitung: 30 Min. plus Kühlzeit

Garzeit: 35–40 Min.

Zutaten

2 Eier

350 g neue Kartoffeln, abgebürstet

125 g Karotten, geschält und gewürfelt

125 g frische gepalte junge Erbsen, oder Tiefkühlware aufgetaut

4 Frühlingszwiebeln, fein gehackt

125 ml Mayonnaise

1 EL frisch gehackter Dill

1 TL geräuchertes Paprikapulver edelsüß

16–20 dünne Scheiben Stangenweißbrot

Salz und Pfeffer

Zubereitung

1 Die Eier in einen Topf geben, mit Wasser bedecken und in 8–10 Minuten kochen, bis sie hart sind.

2 Das Wasser abgießen und die Eier unter fließend kaltem Wasser abschrecken und abkühlen, bis sie in die Hand genommen werden können. Die Eier schälen. Eigelb und Eiweiß trennen und beides fein hacken.

3 Inzwischen leicht gesalzenes Wasser in einem großen Topf zum Kochen bringen. Die Kartoffeln zufügen und 15–20 Minuten kochen, bis sie gar sind.

4 Die Kartoffeln mit einem Schaumlöffel aus dem Wasser nehmen, in ein Sieb geben und unter fließend kaltem Wasser abschrecken. Schälen und in 5 mm große Würfel schneiden.

5 Die Karotten ins Kartoffelwasser geben und zum Kochen bringen. Nach 2 Minuten die Erbsen zufügen und weitere 3–5 Minuten kochen. Das Wasser abgießen. Das Gemüse abtropfen und auskühlen lassen.

6 Frühlingszwiebeln, Mayonnaise, Dill und Paprika in einer großen Schüssel verrühren. Gemüse und Eier zufügen und alles vorsichtig vermengen. Mit Salz und Pfeffer abschmecken.

7 Den Salat auf den Brotscheiben anrichten und innerhalb von 30 Minuten servieren, da das Brot schnell aufweicht.

3

6

6

Meeresfrüchte auf Brot

Ergibt: 16–20 Stück

Vorbereitung: 25 Min.

Garzeit: keine

Zutaten

125 g gegarte kleine Garnelen aus dem Glas, abgetropft

125 g weißes Krebsfleisch aus der Dose, abgetropft

1 Selleriestange, sehr fein gehackt

1 kleine rote Zwiebel, sehr fein gehackt

6 EL Mayonnaise

Zitronensaft, zum Abschmecken

2 EL fein gehackte frische Petersilie

16–20 dünne Scheiben Stangenweißbrot

geräuchertes Paprikapulver edelsüß, zum Bestäuben

Salz und Pfeffer

32–40 dünne Streifen gegrillte rote Paprika in Öl aus dem Glas, abgetropft, zum Garnieren

Zubereitung

1 Garnelen und Krebsfleisch in einer Schüssel vermengen.

2 Sellerie, Zwiebel und Mayonnaise untermischen. Mit Zitronensaft abschmecken.

3 Die Masse mit Salz und Pfeffer würzen und die Petersilie unterrühren.

4 Den Meeresfrüchtesalat auf die Brotscheiben verteilen und mit Paprikapulver bestäuben.

5 Zum Garnieren die Paprikastreifen kreuzweise auf die Tapas legen. Die Tapas auf einem Servierteller anrichten. Innerhalb von 30 Minuten servieren, da das Brot rasch aufweicht.

2

3

4

Gemüse-Bruschetta

Für 4 Portionen Vorbereitung: 20 Min. Garzeit: 30 Min.

Zutaten

Olivenöl, zum Bestreichen und Beträufeln

1 rote Paprika, halbiert

1 orange Paprika, halbiert

4 dicke Scheiben Ciabatta oder Baguette

1 Fenchelknolle, in Scheiben geschnitten

1 rote Zwiebel, in Ringe geschnitten

2 Zucchini, diagonal in Scheiben geschnitten

2 Knoblauchzehen, halbiert

1 Tomate, halbiert

Salz und Pfeffer

frische Salbeiblätter, zum Garnieren

Zubereitung

1. Den Backofengrill vorheizen und den Grillrost mit etwas Olivenöl einfetten. Die Paprika jeweils längs in 4 Streifen schneiden. Das Brot auf den Rost legen und beidseitig goldbraun rösten. Aus dem Ofen nehmen und auf eine vorgewärmte Servierplatte legen.
2. Fenchel und Paprika auf den Rost legen und 4 Minuten grillen. Zwiebel und Zucchini zufügen und weitere 5 Minuten grillen, bis das Gemüse gar, aber noch etwas bissfest ist. (Bei Bedarf das Gemüse in mehreren Portionen grillen, damit es nicht übereinanderliegt.)
3. In der Zwischenzeit zuerst die Knoblauch- und dann die Tomatenhälften über eine Seite der Brotscheiben reiben. Das Grillgemüse auf die Brotscheiben legen, mit Olivenöl beträufeln und mit Salz und Pfeffer würzen. Mit Salbeiblättern garnieren und warm servieren.

Variation

Experimentieren Sie mit unterschiedlichem Salatgemüse und verschiedenfarbigen Paprika.

Chorizo & Wachteleier auf Röstbrot

Für 6 Portionen | Vorbereitung: 20 Min. | Garzeit: 10 Min.

Zutaten

12 Scheiben Baguette, schräg geschnitten und etwa 5 mm dick

etwa 40 g Chorizo, in dünne Scheiben geschnitten

Olivenöl

12 Wachteleier

mildes Paprikapulver

Salz und Pfeffer

Zubereitung

1 Den Backofengrill auf hoher Stufe vorheizen. Die Brotscheiben auf ein Backblech legen und beide Seiten goldbraun rösten.

2 Die Chorizoscheiben so falten oder zuschneiden, dass sie auf die Brotscheiben passen. Die belegten Brote beiseitestellen. Etwas Öl in einer großen Pfanne bei mittlerer Temperatur erhitzen, bis ein Brotwürfel vom Vortag darin brutzelt – das dauert etwa 40 Sekunden. Die Eier in die Pfanne schlagen und braten, bis das Eiweiß fest ist; zwischendurch Bratfett über das Eigelb schöpfen.

3 Die Spiegeleier aus der Pfanne nehmen und auf Küchenpapier abtropfen lassen. Sofort auf die mit Chorizo belegten Baguettescheiben geben, mit etwas Paprika, Salz und Pfeffer bestreuen und heiß servieren.

Klippfisch-Mousse auf Knoblauch-Röstbrot

Für 6 Portionen

Vorbereitung: 30 Min. plus Einweich- & Kühlzeit

Garzeit: 30 Min.

Zutaten

200 g getrockneter Klippfisch
5 Knoblauchzehen
225 ml Olivenöl
225 g Schlagsahne
Pfeffer
6 dicke Scheiben helles Bauernbrot

Zubereitung

1 Den Klippfisch in kaltem Wasser 48 Stunden wässern, dabei das Wasser 3-mal täglich wechseln. Gut abtropfen lassen, in Stücke schneiden und in eine große, flache Pfanne geben. Mit kaltem Wasser bedecken und bis zum Siedepunkt erhitzen. 8–10 Minuten pochieren, bis der Fisch weich ist. Gut abtropfen und leicht abkühlen lassen.

2 4 Knoblauchzehen fein hacken. Die restliche Knoblauchzehe halbieren und bis zur Verwendung beiseitestellen.

3 Den Fisch enthäuten, grob hacken und in den Mixer geben.

4 Olivenöl und Knoblauch in einen Topf geben. Auf niedriger Stufe bis zum Siedepunkt erhitzen. Die Sahne in einem zweiten Topf ebenfalls bis zum Siedepunkt erhitzen. Beide Töpfe vom Herd nehmen.

5 Den Fisch fein pürieren. Bei laufendem Gerät abwechselnd etwas Knoblauchöl und Sahne zugießen und weiterpürieren. Auf diese Weise Knoblauchöl und Sahne vollständig einarbeiten. Die Masse in eine Schüssel geben und mit Pfeffer würzen.

6 Die Brotscheiben beidseitig rösten und die Scheiben mit den beiseitegelegten Knoblauchhälften einreiben. Den Aufstrich auf den Brotscheiben verteilen und servieren.

Röstbrot mit weißen Bohnen & Garnelen

Für 4 Portionen Vorbereitung: 20 Min. Garzeit: 15 Min.

Zutaten

3 Knoblauchzehen

4 EL spanisches Olivenöl

1 Gemüsezwiebel, halbiert und fein gehackt

400 g weiße Bohnen aus der Dose, abgespült und abgetropft

4 Tomaten, gewürfelt

4 dicke Scheiben Bauernweißbrot

280 g gegarte, ausgelöste Garnelen

Salz und Pfeffer

Brunnenkresse zum Garnieren

Zubereitung

1 Eine Knoblauchzehe halbieren und beiseitestellen. Die anderen Knoblauchzehen fein hacken. 2 Esslöffel Öl in einer großen schweren Pfanne erhitzen. Gehackten Knoblauch und Zwiebel darin bei niedriger Temperatur unter gelegentlichem Rühren 5 Minuten weich dünsten.

2 Bohnen und Tomaten einrühren. Mit Salz und Pfeffer würzen und bei niedriger Temperatur weitere 5 Minuten köcheln lassen.

3 Inzwischen das Brot auf beiden Seiten rösten, mit den Schnittflächen der halbierten Knoblauchzehe einreiben und mit dem restlichen Öl beträufeln.

4 Die Garnelen zu den Bohnen geben, umrühren und 2–3 Minuten durchwärmen. Die Bohnen-Garnelen-Mischung auf den Brotscheiben anrichten, mit Brunnenkresse garnieren und sofort servieren.

Römischer Dip auf Anchovis-Röstbrot

Für 4 Portionen

Vorbereitung: 25 Min. plus Kühlzeit

Garzeit: 20 Min.

Zutaten

1 Ei

150 g entsteinte spanische schwarze Oliven

50 g Sardellenfilets in Olivenöl aus der Dose, abgetropft und Öl aufgefangen

2 Knoblauchzehen, 1 zerdrückt und 1 geschält, aber ganz

1 EL Kapern

½ TL scharfes oder mildes geräuchertes Paprikapulver

1 EL spanischer Weinbrand oder Sherry

4 EL spanisches natives Olivenöl extra

Pfeffer

1 kleines Baguette

Zubereitung

1 Das Ei in einem Topf mit kaltem Wasser bedecken und langsam zum Kochen bringen. Die Temperatur reduzieren und 10 Minuten köcheln lassen. Abgießen und unter fließendem kaltem Wasser abschrecken. Die Schale anklopfen, damit sie bricht. Das Ei abkühlen lassen.

2 Das abgekühlte Ei pellen und mit Oliven, 2 Sardellenfilets, zerdrückter Knoblauchzehe, Kapern, Paprika und Weinbrand in einem Mixer grob pürieren. Bei laufendem Motor 1 Esslöffel des Öls von den Sardellen tropfenweise zugeben, dann das native Olivenöl langsam in dünnem Strahl zugießen. Mit Pfeffer abschmecken.

3 Den Dip in eine kleine Schüssel füllen und bis zum Servieren abgedeckt in den Kühlschrank stellen. Für das Röstbrot die restlichen Sardellenfilets mit ihrem Öl sowie die ganze Knoblauchzehe in einem Mörser zu einer Paste verarbeiten. In eine Schüssel füllen und bis zum Servieren abgedeckt in den Kühlschrank stellen.

4 Kurz vor dem Servieren den Backofengrill auf hoher Stufe vorheizen. Das Brot in 2,5 cm dicke Scheiben schneiden und beide Seiten unter dem Grill goldbraun rösten. Die Scheiben dünn mit der Sardellenpaste bestreichen und mit dem Dip servieren.

Rührei mit Spargel

Für 6 Portionen   Vorbereitung: 15–20 Min.   Garzeit: 14–18 Min.

Zutaten

500 g Spargel, geputzt und grob gehackt

2 EL spanisches Olivenöl

1 Zwiebel, fein gehackt

1 Knoblauchzehe, fein gehackt

6 Eier

1 EL Wasser

Salz und Pfeffer

6 kleine Scheiben Bauernbrot

Zubereitung

1 Die Spargelstücke je nach Dicke 8 Minuten dämpfen oder in einem großen Topf mit kochendem Salzwasser 4 Minuten garen. Sie sollten noch bissfest sein. Abtropfen lassen.

2 Inzwischen das Öl in einer großen Pfanne erhitzen und die Zwiebel darin bei mittlerer Temperatur unter gelegentlichem Rühren 5 Minuten weich dünsten, aber nicht bräunen. Den Knoblauch zufügen und 30 Sekunden unter ständigem Rühren mitgaren, bis er weich ist.

3 Den Spargel in die Pfanne geben und unter gelegentlichem Rühren 3–4 Minuten mitgaren. Inzwischen den Backofengrill auf hoher Stufe vorheizen. Die Eier in einer Schüssel mit dem Wasser verquirlen. Mit Salz und Pfeffer würzen.

4 Die verquirlten Eier zum Spargel in die Pfanne geben und unter ständigem Rühren braten, bis sie gerade fest sind. Vom Herd nehmen.

5 Die Brotscheiben unter dem Grill von beiden Seiten goldbraun rösten. Mit dem Rührei belegen und sofort servieren.

Geröstetes Weißbrot mit Bohnenpüree

Für 4 Portionen

Vorbereitung: 15–20 Min. plus Einweich- & Kühlzeit

Garzeit: 1 Std. 40 Min.

Zutaten

225 g getrocknete weiße Bohnen
½ Zwiebel, fein gehackt
2 EL Olivenöl
2 EL frisch gehackte Minze
4 dicke Scheiben Bauernbrot
Salz und Pfeffer

Zubereitung

1 Die Bohnen in eine Schüssel füllen und mit kaltem Wasser bedecken. 4 Stunden oder über Nacht einweichen, dann abgießen.

2 Bohnen und Zwiebel in einem Topf knapp mit Wasser bedecken und zum Kochen bringen. 1½ Stunden garen, dann abtropfen und leicht abkühlen lassen.

3 Das Brot auf beiden Seiten rösten. Die Bohnen im Mixer zu einer glatten Masse verarbeiten. In eine Schüssel füllen und Olivenöl sowie Minze unterrühren. Mit Salz und Pfeffer würzen. Das Püree gleichmäßig auf den Brotscheiben verteilen und zimmerwarm servieren.

Katalanisches Röstbrot

Für 8 Portionen | Vorbereitung: 20 Min. | Garzeit: 5 Min.

Zutaten

2 Knoblauchzehen

2 große Tomaten

8 Scheiben Weißbrot vom Vortag (je 2 cm dick)

8 Scheiben Serrano-Schinken

8 Scheiben Manchego

3 EL spanisches natives Olivenöl extra

Pfeffer

Zubereitung

1 Den Backofengrill vorheizen. Die Knoblauchzehen halbieren. Die Tomaten grob in eine Schüssel reiben, den Rest mit der Haut, der zum Schluss übrig bleibt, wegwerfen. Nach Belieben mit Pfeffer würzen.

2 Die Brotscheiben auf den Grillrost legen und von beiden Seiten goldbraun rösten. Die noch warmen Brotscheiben mit den Knoblauchzehen einreiben, dann mit den Tomaten belegen. Je eine Scheibe Schinken und eine Scheibe Käse daraufgeben. Mit dem Olivenöl beträufeln und sofort servieren.

Variation

Für mehr Geschmack und Farbe legen Sie gegrillte, rote Paprika auf jedes Brot, bevor Sie das Olivenöl darüberträufeln.

Minze-Bohnen-Pâté

Für 12 Portionen

Vorbereitung: 40 Min. plus Kühlzeit

Garzeit: 15 Min.

Zutaten

800 g dicke Bohnen in den Hülsen, gepalt (etwa 350 g)

225 g Ziegenfrischkäse

1 Knoblauchzehe, zerdrückt

2 Frühlingszwiebeln, fein gehackt

1 EL spanisches natives Olivenöl extra, plus etwas mehr zum Beträufeln

abgeriebene Schale von 1 Zitrone

2 EL Zitronensaft

60 große frische Minzeblätter (etwa 15 g)

Salz und Pfeffer

12 Scheiben Baguette, zum Servieren

Zubereitung

1. Die gepalten Bohnen 8–10 Minuten in sprudelndem Wasser garen, dann abgießen, abtropfen und abkühlen lassen. Die Bohnen einzeln aus der Haut drücken. Sich diese Arbeit zu machen ist zwar aufwendig, aber das Ergebnis ist die Mühe auch wirklich wert! Die Bohnen in einen Mixer geben.

2. Ziegenkäse, Knoblauch, Frühlingszwiebeln, Öl, Zitronenschale und -saft sowie die Minzeblätter zugeben und alles zu einer Paste verarbeiten. Mit Salz und Pfeffer abschmecken. In eine Schale geben, abdecken und bis zum Servieren in den Kühlschrank stellen.

3. Den Backofengrill vorheizen. Die Baguettescheiben unter dem Grill von beiden Seiten goldbraun rösten. Dann herausnehmen, mit etwas Olivenöl beträufeln und sofort mit der Pâté bestreichen. Noch heiß auf Serviertellern anrichten und servieren.

Röstbrot mit Wildpilzen & Aioli

Für 6 Portionen Vorbereitung: 15–20 Min. Garzeit: 15 Min.

Zutaten

5 EL spanisches Olivenöl

2 große Knoblauchzehen, fein gehackt

500 g Wildpilze, in Scheiben geschnitten

2 EL trockener spanischer Sherry

4 EL frisch gehackte glatte Petersilie

12 längliche Scheiben knuspriges Brot

8 EL Aioli (siehe Seite 50 oder 184)

Salz und Pfeffer

Zubereitung

1 Das Öl in einer großen Pfanne erhitzen und den Knoblauch darin unter ständigem Rühren 30 Sekunden weich dünsten. Auf hohe Stufe umschalten, die Pilze in die Pfanne geben und unter ständigem Rühren braten, bis sie das Öl ganz aufgesogen haben.

2 Auf niedrige Stufe regeln und die Pilze 2–3 Minuten garen, bis sie ihre Flüssigkeit abgegeben haben. Den Sherry zufügen, die Temperatur wieder erhöhen und die Mischung unter häufigem Rühren 3–4 Minuten kochen, bis die Flüssigkeit verdampft ist. Die Petersilie einrühren und mit Salz und Pfeffer abschmecken.

3 Inzwischen den Backofengrill auf hoher Stufe vorheizen. Die Brotscheiben von beiden Seiten hellgoldbraun rösten.

4 Die Brotscheiben mit der Aioli bestreichen und die gegarten Pilze darauf anrichten. Auf einen Grillrost setzen und unter dem vorgeheizten Grill überbacken, bis die Aioli zu brodeln beginnt. Heiß servieren.

Variation

Anstelle von Wildpilzen können Sie auch andere Pilze verwenden, z. B. weiße oder braune Champignons oder Austernpilze.

Fladenbrot mit Gemüse & Venusmuscheln

Für 4–6 Portionen

Vorbereitung: 40 Min. plus Geh-, Kühl- & Ziehzeit

Garzeit: 50 Min.

Zutaten

2 EL spanisches natives Olivenöl extra

4 große Knoblauchzehen, zerdrückt

2 große Zwiebeln, in dünne Ringe geschnitten

10 Pimientos del Piquillo, abgetropft, abgetupft und in dünne Streifen geschnitten

250 g Venusmuschelfleisch in Lake aus dem Glas, abgetropft und abgespült

Salz und Pfeffer

Hefeteig

400 g Weizenmehl (Type 1050), plus etwas mehr zum Bestäuben

1 Tütchen Trockenbackhefe

1 TL Salz

½ TL Zucker

1 EL spanisches Olivenöl, plus etwas mehr zum Einfetten

1 EL trockener Weißwein

225 ml warmes Wasser

Zubereitung

1 Für den Teig Mehl, Hefe, Salz und Zucker in eine Schüssel sieben und in die Mitte eine Vertiefung drücken. Olivenöl, Wein und Wasser mischen. 175 ml von der Mischung in die Vertiefung gießen und langsam in das Mehl einarbeiten, bis ein weicher Teig entsteht. Falls nötig, das restliche Wasser zugeben.

2 Den Teig auf einer leicht bemehlten Arbeitsfläche gründlich durchkneten und zu einer Kugel formen. Die Teigschüssel spülen und die Innenwand mit Olivenöl einfetten. Die Teigkugel in die Schüssel geben und wälzen, sodass sie rundherum dünn mit Öl bedeckt ist. Die Schüssel mit Frischhaltefolie abdecken und an einen warmen Platz stellen, bis der Teig sein Volumen verdoppelt hat.

3 Das Olivenöl in einer großen schweren Pfanne bei mittlerer Temperatur erhitzen. Die Temperatur reduzieren, dann Knoblauch und Zwiebeln unter häufigem Rühren 25 Minuten langsam garen, bis die Zwiebeln goldbraun, aber nicht dunkel sind.

4 Den Backofen auf 230 °C vorheizen. Die Zwiebeln in eine Schüssel füllen und abkühlen lassen. Pimiento-Streifen und Muscheln zufügen und umrühren. Beiseitestellen.

5 Den Teig auf einer leicht bemehlten Arbeitsfläche nochmals kurz durchkneten. Mit der umgedrehten Schüssel abdecken und nochmals 10 Minuten ruhen lassen, damit er sich leichter ausrollen lässt.

6 Eine flache Backform (32 cm x 32 cm) dick mit Mehl ausstreuen. Den Teig zu einem Quadrat von 34 cm Seitenlänge ausrollen und in die Form legen. Die Kanten umschlagen, sodass ein flacher Rand entsteht. Den Teig mehrmals mit einer Gabel einstechen.

7 Den Belag auf dem Teig verteilen und mit Salz und Pfeffer würzen. Im vorgeheizten Backofen 25 Minuten backen, bis der Rand goldbraun ist und die Spitzen der Zwiebeln dunkel werden. Auf einem Küchengitter vollständig auskühlen lassen und in 12–16 Stücke schneiden.

Fladenbrot mit Artischocken & Pimientos

Für 4 Portionen

Vorbereitung: 40 Min. plus Geh- & Kühlzeit

Garzeit: 32–37 Min.

Zutaten

4 EL spanisches Olivenöl, plus etwas mehr zum Einfetten

2 große Zwiebeln, in dünne Ringe geschnitten

2 Knoblauchzehen, fein gehackt

400 g Artischockenherzen aus der Dose, abgetropft und geviertelt

320 g Pimientos de Piquillo aus dem Glas, abgetropft und in dünne Streifen geschnitten

40 g entsteinte spanische schwarze Oliven (nach Belieben)

Salz und Pfeffer

Hefeteig

400 g Weizenmehl (Type 1050), plus etwas mehr zum Bestäuben

1½ TL Trockenbackhefe

1 TL Salz

½ TL Zucker

175 ml warmes Wasser

3 EL spanisches Olivenöl

Zubereitung

1 Für den Teig Mehl, Hefe, Salz und Zucker in eine Schüssel sieben und in die Mitte eine Vertiefung drücken. Wasser und Olivenöl mischen. 175 ml von der Mischung in die Vertiefung gießen und langsam mit dem Mehl verarbeiten, bis ein weicher Teig entsteht, der nicht an der Schüsselwand klebt.

2 Den Teig auf einer leicht bemehlten Arbeitsfläche gründlich durchkneten, bis er nicht mehr klebt. Zur Kugel formen und in eine saubere Schüssel legen. Mit einem sauberen, feuchten Küchentuch bedecken und etwa 1 Stunde an einem warmen Platz gehen lassen, bis sich das Teigvolumen verdoppelt hat.

3 Inzwischen 3 Esslöffel Öl in einer großen Pfanne erhitzen und die Zwiebeln darin bei mittlerer Temperatur unter gelegentlichem Rühren 10 Minuten goldbraun braten. Den Knoblauch zufügen und unter Rühren 30 Sekunden mitgaren. Abkühlen lassen, dann Artischockenherzen und Pimientos unterrühren und mit Salz und Pfeffer würzen.

4 Den Backofen auf 200 °C vorheizen. Ein großes Backblech mit Öl einfetten. Den aufgegangenen Teig auf einer leicht bemehlten Arbeitsfläche nochmals 2–3 Minuten durchkneten, dann zu einem Quadrat von 30 cm Seitenlänge ausrollen und auf das vorbereitete Backblech legen.

5 Den Teig mit dem restlichen Öl einpinseln und die Artischocken-Pimiento-Mischung darauf verteilen. Nach Belieben mit den Oliven bestreuen. Im vorgeheizten Backofen 20–25 Minuten backen, bis der Teig goldbraun und knusprig ist. In 12 Stücke schneiden und heiß oder lauwarm servieren.

Röstbrot mit getrockneten Tomaten & Ziegenkäse

Für 4 Portionen

Vorbereitung: 20–25 Min. plus Kühlzeit

Garzeit: 10 Min.

Zutaten

225 g Ziegenfrischkäse

2 EL spanisches natives Olivenöl extra, plus etwas mehr zum Einfetten

2 TL frisch gepresster Zitronensaft

2 Knoblauchzehen, zerdrückt

1 TL scharfes oder mildes geräuchertes Paprikapulver

25 g entsteinte spanische grüne Oliven, fein gehackt

1 EL frisch gehackte glatte Petersilie

Röstbrot

50 g sonnengetrocknete Tomaten in Öl, abgetropft, 3 EL Öl aufbewahrt

1 Knoblauchzehe, zerdrückt

1 langes Baguette

Zubereitung

1 Den Backofen auf 200 °C vorheizen. Ein Backblech großzügig mit Öl einfetten. Für das Röstbrot die Tomaten sehr fein hacken und in eine Schüssel geben. Das aufbewahrte Öl von den Tomaten sowie den Knoblauch zugeben und gut verrühren.

2 Das Brot in 1 cm dicke Scheiben schneiden und mit der Tomatenpaste bestreichen. Auf das vorbereitete Backblech legen und im vorgeheizten Backofen 10 Minuten backen, bis die Scheiben goldbraun und knusprig sind. Auf einem Küchengitter abkühlen lassen.

3 Für den Dip den Ziegenkäse in einen Mixer geben. Bei laufendem Motor 1 Esslöffel Öl tropfenweise zugeben. Die Masse mit einem Teigschaber von der Mixerwand lösen. Bei laufendem Motor das restliche Öl und den Zitronensaft langsam in sehr dünnem Strahl zugießen. Knoblauch und Paprika zufügen und nochmals gut mixen.

4 Oliven und Petersilie unterrühren. Den Dip in eine kleine Servierschüssel füllen und mindestens 1 Stunde in den Kühlschrank stellen.

5 Den Dip zum Tomaten-Röstbrot servieren.

Teigtaschen mit Käsefüllung

Ergibt: 25 Stück

Vorbereitung: 40 Min. plus Ruhezeit

Garzeit: 25–30 Min.

Zutaten

200 g Mehl, plus etwas mehr zum Bestäuben

2 Eier, verquirlt

2 EL natives Olivenöl extra

1–2 EL kaltes Wasser

1 Eiweiß, steif geschlagen

Pflanzenöl, zum Frittieren

Salz

Füllung

130 g Ricotta

1 Ei, verquirlt

70 g Mozzarella, fein gewürfelt

25 g Parmesan, fein gewürfelt

40 g Salami oder Parmaschinken, fein gehackt

1 EL frisch gehackte glatte Petersilie

Salz und Pfeffer

Zubereitung

1 Für die Füllung alle Zutaten in eine Schüssel geben und gut verrühren. Für den Teig das Mehl in eine große Rührschüssel sieben, in die Mitte eine Vertiefung drücken und die Eier hineingeben. Öl, Wasser und 1 Prise Salz zufügen und zu einem Teig vermengen. Etwa 10 Minuten kneten, bis der Teig weich und glatt ist. Zu einer Kugel formen, in Frischhaltefolie einschlagen und 30 Minuten oder über Nacht im Kühlschrank ruhen lassen.

2 Den Teig sehr dünn ausrollen und mit einem runden Ausstecher Kreise (etwa 7 cm Ø) ausstechen. Den Teig immer wieder neu ausrollen und ausstechen, bis er aufgebraucht ist. Die Teigkreise auf ein sauberes Küchentuch legen und die Ränder mit dem Eiweiß bestreichen.

3 Je 1 Teelöffel der Füllung in die Mitte jedes Teigkreises geben, dann eine Teigseite über die Füllung falten, sodass ein Halbmond entsteht. Die Kanten gut zusammendrücken und die Teigtaschen 30 Minuten auf dem Küchentuch ruhen lassen.

4 Reichlich Pflanzenöl in einer Fritteuse oder einem großen Topf erhitzen und die Teigtaschen darin in mehreren Portionen 3–5 Minuten frittieren. Aus dem Fett heben und auf Küchenpapier abtropfen lassen. Heiß servieren.

Auberginen-Paprika-Dip

Für 6–8 Portionen

Vorbereitung: 30 Min. plus Kühlzeit

Garzeit: 52 Min.

Zutaten

2 große Auberginen

2 rote Paprika

4 EL spanisches Olivenöl

2 Knoblauchzehen, grob gehackt

abgeriebene Schale und Saft von ½ Zitrone

1 EL frisch gehackter Koriander, plus einige Stängel zum Garnieren

½–1 TL Paprikapulver

Salz und Pfeffer

Brot oder Toast, zum Servieren

Zubereitung

1 Den Backofen auf 190 °C vorheizen. Auberginen und Paprika mit einer Gabel rundherum einstechen und mit 1 Esslöffel Olivenöl einpinseln. Auf ein Backblech legen und im vorgeheizten Backofen 45 Minuten backen, bis die Haut schwarz wird, das Auberginenfleisch sehr weich ist und die Paprika zusammenfallen.

2 Das Gemüse in eine Schüssel legen und mit einem sauberen, feuchten Küchentuch abdecken. Alternativ in einen großen Gefrierbeutel geben. 15 Minuten abkühlen lassen.

3 Wenn das Gemüse abgekühlt ist, die Auberginen längs halbieren und das Fleisch aus den Schalen lösen. Die Schalen wegwerfen. Die Paprika häuten, Stiele und Inneres mit Samen entfernen, dann das Fleisch grob würfeln.

4 Das restliche Olivenöl in einer Pfanne erhitzen. Aubergine und Paprika darin 5 Minuten garen, dann den Knoblauch zugeben und 30 Sekunden mitgaren.

5 Den Inhalt der Pfanne auf Küchenpapier geben und abtropfen lassen, dann in einen Mixer füllen. Zitronenschale und -saft,

gehackten Koriander und Paprikapulver zugeben und mit Salz und Pfeffer würzen. Alles zu einem groben Püree verarbeiten.

6 Den Dip in eine Servierschüssel füllen und zimmerwarm servieren. Alternativ abkühlen lassen, abgedeckt mindestens 1 Stunde in den Kühlschrank stellen und kalt servieren. Mit Koriander-stängeln garnieren und dicke Brot- oder Toastscheiben zum Dippen dazureichen.

Bruschetta mit Schweinefleisch

Für 4–6 Portionen

Vorbereitung: 25–30 Min. plus Marinierzeit

Garzeit: 10 Min.

Zutaten

350 g Schweinefilet, gegen die Faser in 12 Scheiben geschnitten

6 Scheiben helles Sauerteigbrot, etwa 1 cm dick

5 EL Olivenöl, plus etwas mehr zum Bestreichen der Brotscheiben

2 Tomaten, in Scheiben

2 große Gewürzgurken, schräg in Scheiben geschnitten

Marinade

1 TL schwarze Pfefferkörner

1 TL Fenchelsamen

1 TL Paprikapulver

½ TL Meersalzflocken

2 Knoblauchzehen, fein gehackt

abgeriebene Schale von ½ Zitrone

1 EL Olivenöl

Zubereitung

1 Die Schweinefiletscheiben zwischen zwei Lagen Frischhaltefolie legen und mit der flachen Seite eines Fleischklopfers vorsichtig bearbeiten, bis sie schön dünn sind.

2 Für die Marinade alle Zutaten in einen Mörser geben und zu einer Paste verarbeiten. Die Fleischscheiben rundum damit einreiben, auf einen Teller legen und bedecken. Das Fleisch entweder bei Raumtemperatur etwa 30 Minuten oder über Nacht im Kühlschrank marinieren. Falls im Kühlschrank mariniert wird, sollte das Fleisch wieder auf Raumtemperatur gebracht werden, bevor es weiterverarbeitet wird.

3 Die Brotscheiben in einem Toaster leicht anrösten, halbieren und jeweils eine Seite mit etwas Olivenöl bestreichen. Warm halten.

4 Das Öl in einer Pfanne auf mittlerer Stufe erhitzen und die Fleischscheiben darin portionsweise von jeder Seite 1 Minute anbraten.

5 Auf die mit Öl bestrichenen Seiten jeder Brotscheibe jeweils 1 Tomatenscheibe legen und die Fleischstücke darauf verteilen. Mit Gurkenscheiben abschließen und warm servieren.

Geröstete rote Paprika auf Knoblauchbrot

Für 4 Portionen

Vorbereitung: 25 Min. plus Kühlzeit

Garzeit: 50–55 Min.

Zutaten

4 dünne Scheiben Bauernweißbrot

5 EL spanisches Olivenöl

2 große Knoblauchzehen, zerdrückt

3 große rote Paprika

Pfeffer

frisch gehackte glatte Petersilie, zum Garnieren

Zubereitung

1 Den Backofen auf 230 °C vorheizen. Die Brotscheiben halbieren. 3 Esslöffel Öl in einer Schüssel mit dem Knoblauch verrühren. Die halbierten Brotscheiben auf beiden Seiten mit der Mischung einpinseln, dann auf ein Backblech legen und im vorgeheizten Ofen 10–15 Minuten backen, bis sie knusprig und braun sind. Auf Küchenpapier abkühlen lassen.

2 Die Ofentemperatur auf 200 °C reduzieren. Die Paprika mit dem restlichen Öl einpinseln und in einen Bräter legen. 30 Minuten im Ofen garen, dann wenden und weitere 10 Minuten backen, bis die Haut schwarz wird und Blasen wirft.

3 Die Paprika mit einem Schaumlöffel in einen Gefrierbeutel legen und 15 Minuten abkühlen lassen.

4 Die Haut der Paprika mit den Fingern oder einem spitzen Messer abziehen. Die Paprika halbieren, Stiel und Kerne entfernen und das Fruchtfleisch in gleichmäßige, schmale Streifen schneiden.

5 Zum Servieren die Paprikastreifen auf den Knoblauchbroten anrichten, mit Pfeffer würzen und mit gehackter Petersilie bestreuen.

Kartoffel-Spinat-Taschen

Für 4 Portionen | Vorbereitung: 30 Min. | Garzeit: 30 Min.

Zutaten

2 EL zerlassene Butter, plus etwas mehr zum Einfetten

225 g festkochende Kartoffeln, fein gewürfelt

500 g Babyspinat

2 EL Wasser

1 Tomate, entkernt und gehackt

¼ TL Chilipulver

½ TL Zitronensaft

225 g Filo-Teigblätter

Salz und Pfeffer

Zubereitung

1 Den Backofen auf 190 °C vorheizen. Ein Backblech leicht mit Butter einfetten. Die Kartoffelwürfel in einem Topf mit kochendem Wasser 10 Minuten garen, bis sie weich sind. Dann abgießen und in eine Schüssel geben.

2 Unterdessen den Spinat mit dem Wasser in einen Topf geben, abdecken und 2 Minuten dünsten, bis der Spinat leicht zusammengefallen ist. Abgießen und zu den Kartoffeln geben. Tomate, Chilipulver und Zitronensaft zufügen, alles verrühren und gut mit Salz und Pfeffer abschmecken.

3 Die Teigblätter mit der zerlassenen Butter einpinseln und je 2 davon aufeinanderlegen. Die doppellagigen Teigstücke in große Rechtecke (etwa 20 cm x 10 cm) schneiden.

4 Die Kartoffel-Spinat-Füllung auf je eine Ecke jedes Teigrechtecks legen. Den Teig im rechten Winkel darüberschlagen und bis zum Ende des Streifens auffalten, sodass eine dreieckige Teigtasche entsteht. Mit den restlichen Teigblättern ebenso verfahren.

5 Die Teigtaschen auf das Backblech legen und im Backofen 20 Minuten goldbraun backen.

Crostini alla fiorentina

Für 6 Portionen | Vorbereitung: 25 Min. plus Kühlzeit | Garzeit: 30–35 Min.

Zutaten

3 EL Olivenöl
1 Zwiebel, gehackt
1 Selleriestange, gehackt
1 Karotte, gehackt
1–2 Knoblauchzehen, zerdrückt
125 g Hühnerleber
125 g Kalbsleber
150 ml Rotwein
1 EL Tomatenmark
2 EL frisch gehackte Petersilie
3–4 eingelegte Sardellenfilets aus der Dose, fein gehackt
2 EL Brühe oder Wasser
25–40 g Butter
1 EL Kapern, plus etwas mehr zum Garnieren
Salz und Pfeffer
geröstete Baguettescheiben, zum Servieren
Petersilienblätter, zum Garnieren

Zubereitung

1 Das Öl in einer Pfanne erhitzen und Zwiebel, Sellerie, Karotte und Knoblauch darin unter Rühren 4–5 Minuten weich dünsten.

2 In der Zwischenzeit die Hühner- und Kalbsleber säubern und trocken tupfen. Die Kalbsleber in Streifen schneiden und zusammen mit der Hühnerleber in die Pfanne geben. Einige Minuten von allen Seiten anbräunen.

3 Mit der Hälfte des Weins ablöschen und köcheln lassen, bis die Flüssigkeit um die Hälfte reduziert ist. Den restlichen Wein, Tomatenmark, die Hälfte der Petersilie, Sardellenfilets, Brühe, Salz und viel schwarzen Pfeffer zufügen und gut verrühren.

4 Die Pfanne leicht abdecken und unter gelegentlichem Rühren etwa 15 Minuten köcheln lassen, bis die Leber gar und der größte Teil der Flüssigkeit verdunstet ist. Die Pfanne vom Herd nehmen.

5 Die Mischung etwas abkühlen lassen, in die Küchenmaschine füllen und zu einem groben Püree verarbeiten.

6 Die Lebermischung zurück in die Pfanne geben und Butter, Kapern sowie die restliche Petersilie zufügen. So lange erwärmen, bis die Butter zerlassen ist. Erneut mit Salz und Pfeffer

abschmecken und die Mischung auf den Baguettescheiben verstreichen. Die Crostini mit Kapern und Petersilienblättern belegen und warm oder kalt servieren.

Variation

Anstelle der Kalbsleber können Sie auch die gleiche Menge an Lamm- oder Schweineleber verwenden.

Tomaten-Käse-Quiche

Für 8–10 Portionen

Vorbereitung: 30–35 Min. plus Kühlzeit

Garzeit: 4 Min.

Zutaten

125 g Weizenmehl (Type 550)

125 g Weizenmehl (Type 405)

1 gehäufter TL Backpulver

Salz

125 g kalte Butter

1 Eigelb

4 EL kaltes Wasser

Öl, zum Einfetten

Füllung

8–9 Tomaten, gehäutet, entkernt und geviertelt

150 g Emmentaler, grob gerieben

4 Eier, verquirlt

100 g Sahne

2 EL frisch gehackter Oregano oder Majoran

1 EL frisch gehackter Schnittlauch

Salz und Pfeffer

Zubereitung

1 Beide Mehlsorten, Backpulver und Salz in eine Rührschüssel sieben und verrühren. Die Butter würfeln und mit den Fingern in der Mehlmischung verreiben, sodass ein fein krümeliger Teig entsteht. Eigelb und Wasser verquirlen und mit einem Holzlöffel unter den Teig rühren. Mit den Händen zu einem glatten Teig kneten und zu einer Kugel formen. In Frischhaltefolie einschlagen und 30 Minuten im Kühlschrank ruhen lassen.

2 Den Backofen auf 160 °C vorheizen. Ein Backblech mit etwas Öl einfetten. Den Teig dünn ausrollen und das Blech damit auslegen, dabei einen Rand formen. Im Ofen etwa 10 Minuten backen, herausnehmen und kurz abkühlen lassen.

3 Den Teig gleichmäßig mit den Tomaten belegen. Käse, Eier, Sahne, Oregano, Schnittlauch, Salz und Pfeffer in einer Schüssel verquirlen und gleichmäßig über die Tomaten gießen. Im Ofen etwa 20 Minuten backen, bis die Eiermischung gestockt ist. Heiß oder lauwarm servieren.

Dreierlei Tomaten-Röstbrot

Für 4–6 Portionen | Vorbereitung: 25–30 Min. | Garzeit: 5 Min.

Zutaten

12 dicke Scheiben Bauernbrot

12 Tomaten, gehäutet, entkernt und gewürfelt

8 Knoblauchzehen, fein gehackt

etwa 380 ml Olivenöl

Salz und Pfeffer

Schinken-Kapern-Belag

2 Scheiben luftgetrockneter Schinken, in dünne Streifen geschnitten

8 Kapern, abgespült und abgetropft

Chorizo-Käse-Belag

8 Scheiben Chorizo, ohne Pelle

50 g Manchego oder Emmentaler, in Scheiben geschnitten

2 grüne Oliven mit Paprikafüllung, halbiert

Sardellen-Oliven-Belag

12 Sardellenfilets in Öl aus der Dose, abgetropft

4 mit Sardellenfilets gefüllte grüne Oliven

Zubereitung

1 Die Brotscheiben toasten. Unterdessen die Tomaten in einer Schüssel mit einer Gabel zerkleinern und mit dem Knoblauch mischen. Die Tomatenmasse gleichmäßig auf den Brotscheiben verstreichen, mit Salz und Pfeffer würzen und mit dem Olivenöl beträufeln.

2 Für den Schinken-Kapern-Belag die Schinkenstreifen in „S“-Form auf 4 Toastscheiben drapieren. Je 2 Kapern in den Windungen des „S“ platzieren.

3 Für den Chorizo-Käse-Belag je 2 Chorizo-Scheiben auf 4 Brotscheiben verteilen, den Käse darauflegen und mit den Oliven garnieren.

4 Für den Sardellen-Oliven-Belag je 3 Sardellenfilets ringförmig auf 4 Brotscheiben anrichten und je 1 Olive in die Mitte setzen.

Variation

Beim Anrichten dieser Röstbrote sind Ihrer Fantasie keine Grenzen gesetzt. Wer Sardellen oder Chorizo nicht mag, kann sie durch ähnliche Zutaten ersetzen.

REGISTER

This edition published by Parragon Books Ltd

Parragon Books Ltd
Chartist House
15–17 Trim Street
Bath BA1 1HA, UK
www.parragon.com

Realisation der deutschen Ausgabe:
trans texas publishing services GmbH, Köln
Übersetzung: Wiebke Krabbe, Damlos; u.a.

ISBN 978-1-4723-8086-9
Printed in China

HINWEIS
Sind Zutaten in Löffeln angegeben, ist immer ein gestrichener Löffel gemeint: Ein Teelöffel entspricht 5 ml, ein Esslöffel 15 ml. Sofern nicht anders angegeben, wird Vollmilch (3,5 % Fett) verwendet. Eier und einzelne Gemüsestücke sind von mittlerer Größe. Pfeffer wird grundsätzlich frisch gemahlen verwendet. Wurzelgemüse sollte vor der Weiterverarbeitung
geschält werden.

Garnierungen, Dekorationen und Serviervorschläge sind kein fester Bestandteil der Rezepte und daher nicht unbedingt in der Zutatenliste oder Zubereitung aufgeführt. Die angegebenen Zeiten können von den tatsächlichen abweichen, da je nach Zubereitungsmethode und vorhandenem Herdtyp Schwankungen auftreten.

Kinder, ältere Menschen, Schwangere, Kranke und Rekonvaleszenten sollten auf Gerichte mit rohen oder nur leicht gegarten Eiern verzichten. Schwangere und stillende Frauen sollten den Verzehr von Erdnüssen oder erdnusshaltigen Zubereitungen vermeiden. Allergiker sollten bedenken, dass in allen in diesem Buch verwendeten Fertigprodukten Spuren von Nüssen enthalten sein könnten. Bitte lesen Sie in jedem Fall zuvor die Verpackungsangaben.